Hinführungen zu den biblischen Lesungen im Gottesdienst

gemeinsam gottesdienst gestalten

Herausgegeben von Jochen Arnold

in Kooperation mit dem Michaeliskloster Hildesheim,

Evangelisches Zentrum für Gottesdienst und Kirchenmusik

der Ev.-luth. Landeskirche Hannovers

Band 1

Fritz Baltruweit | Jan von Lingen | Christine Tergau-Harms (Hgg.)

Hinführungen zu den biblischen Lesungen im Gottesdienst

gemeinsam gottesdienst gestalten 1
Herausgegeben von Jochen Arnold

LVH

Bibliografische Informationen Der Deutschen Bibliothek

Die Deutsche Bibliothek verzeichnet diese Publikation
in der Deutschen Nationalbibliografie;
detaillierte Daten sind im Internet über
http://dnb.ddb.de abrufbar.

© Lutherisches Verlagshaus GmbH, Hannover 2004
2. Auflage 2005
www.lvh.de
Alle Rechte vorbehalten
Umschlaggestaltung: grafikatelier panse + klein, Hannover,
nach einem Logo-Entwurf von hauptvogel + dittrich pre:print gmbh, Hildesheim
Gesamtgestaltung: grafikatelier panse + klein, Hannover
Typografie: Quay Sans
Druck- und Bindearbeiten: MHD Druck- und Service GmbH, Hermannsburg
ISBN 3-7859-0901-2

Printed in Germany

Inhalt

Geleitwort

»Vertraut den neuen Wegen, auf die der Herr uns weist!« Diese viel gesungene Liedstrophe von K. P. Hertzsch (EG 395,1) könnte ein Motto sein für das neu entstehende Evangelische Zentrum für Gottesdienst und Kirchenmusik im Michaeliskloster Hildesheim, das sich die Förderung und Erneuerung von Gottesdienst und Kirchenmusik zum Ziel gesetzt hat. Die Gründung dieses neuen Zentrums ist ein Signal der Konzentration auf die spirituelle Mitte des christlichen Glaubens und Lebens.

Mit diesem Signal verbindet sich bei vielen Menschen, mit denen ich gesprochen habe, die Hoffnung auf einen geistlichen Aufbruch in unserer Kirche, der vom Gottesdienst mit seinen Sprach- und Lebensformen ausgeht. Ob dieser Aufbruch gelingt, liegt nicht (nur) in unserer Hand. Und doch wollen wir die neuen kreativen Akzente auch in einer Publikationsreihe dokumentieren, die das Michaeliskloster Hildesheim zusammen mit dem Lutherischen Verlagshaus herausgibt.

»Vertraut den neuen Wegen!« Das heißt nicht, dass die alten Wege prinzipiell schlecht waren. Das heißt auch nicht, dass das Neue an sich schon gut ist. Neue Wege sind dann gut, wenn sie Wege Gottes sind. Wege des Dienstes Gottes, Wege, auf denen Gott uns entgegenkommt und uns dient, Wege, auf denen nicht wir selbst uns verherrlichen, sondern Ihm die Ehre geben. Nur so kann Gottesdienst ein lebendiger Dialog zwischen Gott und Menschen sein.

Ich verstehe diese Reihe mit liturgischen Texten und Themen in erster Linie als Ausdruck einer programmatischen Idee, die ich folgendermaßen beschreiben will:

- Gottesdienstliche Sprachformen, die uns vertraut sind, sollen in ihrer Tragweite und Bedeutung neu erkannt und belebt werden.
- Liturgische und musikalische Lebensformen, die uns vielleicht fremd geworden sind, sollen neu entdeckt werden und begeistern.
- Experimentelle Formen sollen auf ihre Tragfähigkeit erprobt und als kreative Impulse in die Gemeinden weitergegeben werden.

Kurz: der Gottesdienst soll als Ort der Freude und des Trostes, der Gemeinschaft und der Versöhnung neu entdeckt, erfahren und gestaltet werden.

Ich vertraue darauf,
dass Gottes Geist hier wirken wird,
dass er unserem Singen und Sagen,
unserem Loben und Klagen
unserem Beten und Feiern
neues Leben einhauchen wird,
wo wir im Vertrauen auf ihn mutig vorangehen,
wo wir unsere Phantasie einsetzen,
wo wir unsere Herzen bei den Menschen haben
und darauf hoffen,
dass er selbst offene Türen schenken wird,
dass sein Wort tut, was es verspricht.
Dessen bin ich gewiss.

Jochen Arnold, im Januar 2004

Sonntagmorgen, 10 Uhr

Das Herz klopft etwas lauter als sonst. Der Lektor oder die Lektorin steht auf, geht zum Lesepult und liest vor. Laut und deutlich. Nur nicht ins Stocken geraten – und dann schnell wieder zurück in die Bank. Ein so gelesener Text schwirrt oft genug an den Hörerinnen und Hörern vorbei, ohne verstanden zu werden. Manchmal fehlt dem Gelesenen die Seele und dem Gesprochenen der Sinn. Eine Erklärung wäre nötig, für wen, wann und wieso diese Worte einst gesprochen und geschrieben wurden. Eine Deutung fehlt, warum wir noch heute davon hören. Wir brauchen neue Zugänge. Und einen »Zuhör-Impuls« für die liturgischen Texte am Sonntagmorgen, der auch schwierige Texte verstehbar macht.

Die Lesungen im Gottesdienst

Die Lesungen im Gottesdienst gehören untrennbar zur Partitur des Gottesdienstes. Psalmen, Episteln und Evangelien schlagen unterschiedliche Töne an. Sie öffnen je eigene Bildwelten und legen verschiedene Spuren. Dennoch: Viele Lesungen sind ungeübten Hörerinnen und Hörern fremd geworden.

Die folgenden Präfamina (Präfamen – »Vorspruch«) sind Hinführungen. Sie wollen biblische Texte aufschließen. Sie wollen sie ankündigen und verdeutlichen. Zugleich wollen sie Bezüge zur Gegenwart herstellen und neugierig machen. Hör zu: Dieses Evangelium ist auch Deine Gute Nachricht. Dieser Brief ist auch für Dich. Und diese Geschichte aus dem Alten Testament hat mir Dir zu tun.

Die biblischen Lesungen im Gottesdienst: Ein Dreiklang für die Seele.

Die *Lesung aus dem Alten Testament* führt an unsere Wurzeln. Bilder branden auf: der Auszug aus Ägypten, die Himmelsleiter des Jakob, die Vision Jesajas vom neuen Himmel und der neuen Erde. Jeder Name hat seine Geschichte, jeder Prophet seine Botschaft. Manches bleibt fremd, doch vieles berührt. Und alles ist Teil der gemeinsamen christlich-jüdischen Geschichte.

Die *Epistel* dagegen – neutestamentliche Briefliteratur: Oft genug abstrakt, nicht leicht zu verstehen. Dieser Brief wurde nicht allein für mich geschrieben, sondern ist seit 2000 Jahren unterwegs. Doch wer hineinliest, entdeckt Wahrheiten und Weisheiten, die uns kein Brief der Gegenwart sagen kann.

Und das *Evangelium*? Am Anfang die Krippe, am Ende das Kreuz. Die Texte der vier Evangelien prägen die Sonntage und wirbeln den Staub unter den Füßen und Kirchenbänken auf. Die Hörerinnen und Hörer sind unterwegs zwischen Bethlehem und Nazareth, Golgatha und Emmaus. Am Sonn- oder Feiertag begegnen uns auch heute Wunder und Gleichnisse, Weisheiten und Offenbarungen.

Diese Präfamina wollen die Partitur des Kirchenjahres neu zum Klingen bringen. Viele Theologinnen und Theologen aus dem Gemeindealltag haben mitgedacht und mitgeschrieben. Erfahrungen aus dem neuen »Evangelischen Zentrum für Gottesdienst und Kirchenmusik« und aus der evangelischen Rundfunkarbeit beim NDR flossen ein. Vielstimmig wie die biblischen Texte sind die Texte der Autorinnen und Autoren. Das Ergebnis zeigt, dass das Kirchenjahr trotz aller Unterschiede eine »runde Sache« ist, so Walter Hollenweger: »Es beginnt mit den ersten Lichtern des Advents und endet mit dem Verlöschen des Lebens am Totensonntag. Es bringt Ordnung und Verlässlichkeit in die Unordnung des Lebens, denn es kommt alle Jahre wieder.« (in: Das Kirchenjahr inszenieren, S. 211).

Der Aufbau der Beiträge

Eine *Themenüberschrift* versucht, den Schwerpunkt eines Sonn- oder Feiertages aufzuzeigen. Denn lateinische Namen und Zählungen (Estomihi, 13. Sonntag nach Trinitatis usw.) sind von vielen kaum noch nachvollziehbar, zumal gerade in ländlichen Kirchen nicht mehr jeden Sonntag Gottesdienst gefeiert wird. Aber ein bestimmtes Thema – das interessiert! (»An die Stelle der Zählung der Sonntage sollten eher die Themen der Sonntage treten«, so auch Wolfgang Ratzmann (in »Das Kirchenjahr mit seinen Perikopen«, aus »Arbeitsstelle Gottesdienst«, 03/2003) Die Begrüßung könnte das Thema andeuten und einen roten Faden aufzeigen. Die Themen der Sonn- und Feiertage könnten auch in den Ankündigungen der Gottesdienste in Schaukästen und Gemeindebriefen eine Rolle spielen.

Ein *Vorspann* entwickelt den Leitgedanken und beschreibt die besondere Situation. Was ist das Profil des Sonn- und Feiertags? In welchen Erwartungshorizont werden die Texte gesprochen?

Das *Wort des Tages oder der Woche* bringt das Anliegen des Sonntags auf den Punkt. Auch dieses Wort könnte bereits in der Begrüßung oder im Rahmen der Liturgie gelesen werden.

Im Mittelpunkt stehen die drei Hinführungen zu den *Lesungen*. Wir gehen davon aus, dass mindestens das Evangelium gelesen wird oder zwei Lesungen im Gottesdienst vorkommen. Darum sind die Hinführungen zur alttestamentlichen Lesung und zur Epistel in der Regel so formuliert, dass sie besonders an die Situation der Hörerinnen und Hörer anknüpfen. Alle Hinführungen sind Vorschläge, die entsprechend variiert und ggf. gekürzt werden können. Sie müssen sich in der Praxis noch bewähren! Und – natürlich – manche Lesungen sprechen für sich selbst und brauchen nur eine kurze oder gar keine Hinführung. Das bleibt dem Lektor und der Lektorin überlassen.

Für viele Sonn- und Feiertage sind abschließend Ideen für die Liturgie abgedruckt, zum Beispiel mit einem Hinweis auf einen Text, einen Psalm, einen Gottesdienstentwurf.

Theologie auf Augenhöhe

Wir haben eine Sprache gesucht, die auch ungeübte Gottesdienstbesucher – und hoffentlich auch die Konfirmandinnen und Konfirmanden – verstehen. Die Einleitungen sollen eine Erwartung wecken und neugierig machen. Unverwechselbar wollen die Präfamina auf die jeweilige biblische Lesung hinführen und dabei (austauschbare) Klischees vermeiden.

Gute Gottesdienstsprache ist mündliche Sprache. Darum haben wir uns um kurze Sätze sowie um konkrete Beschreibungen und eine verbale und bildreiche Ausdrucksweise bemüht. Durch die Zeilenumbrüche werden Sprechpausen und Gedankenschritte ausgedrückt.

Zu Beginn stehen einige Impulse für die innere Vorbereitung der Lesenden. Denn die Schwierigkeiten beim Zuhören sind oft nicht im Text begründet. Der oder die Sprechende inszeniert (siehe dazu den Beitrag von Thomas Hirsch-Hüffell auf S. 174 ff). Wer liest, trägt Verantwortung. Und manchmal hilft eine Zeit der Vorbereitung und ein Moment der Konzentration, um einen schwierigen Text »leicht zu sprechen«.

Fritz Baltruweit, Jan von Lingen und Christine Tergau-Harms

Biblische Lesungen im Gottesdienst:

10 Impulse für die innere Vorbereitung

1 **Ich lese den Text mehrfach laut,** bevor ich ihn im Gottesdienst vortrage.

2 **Ich bringe mich »in Stimmung«.** Ich entspreche der Stimmung des Textes.

3 **Ich erzähle meinen Text jemandem.** In Gedanken kann ich ein »Wissen Sie ...« einfügen, so entsteht eine Beziehung zur Hörerin und zum Hörer.

4 **Ich versuche möglichst frei zu sprechen** und traue der mündlichen Form. Ich stelle mir einen Menschen vor, für den ich lese.

5 **Ich spreche prägnant.** Ich gönne mir kurze Atempausen. Zäsuren erschließen den Inhalt. Manche Bilder und Worte brauchen Zeit, um anzukommen.

6 **Ich unterscheide zwischen innerlicher und äußerlicher Sprache.** »Sinnliches« spreche ich leiser und zugewandter, Beschreibungen und äußere Darstellungen neutraler und nüchterner.

7 **Ich unterscheide die Akzente im Text.** Ich betone ein Wort pro Satz. Ich achte die Satzeichen (Fragezeichen, Ausrufezeichen, Gedankenstrich) und lese sie entsprechend.

8 **Ich variiere das Sprechtempo.** Je nachdem, was der Text verlangt.

9 **Ich stelle mir beim Lesen die entsprechenden Bilder vor.** Wenn ich die Bilder sehe, können andere sie auch sehen. Als Hilfe kann ich mir kleine Piktogramme neben den Text malen. Unterstreichungen dienen der Orientierung im Text und setzen Akzente.

10 **Ich achte auf den Sprachfluss** und halte das Ganze des Textes im Blick.

1. Sonntag im Advent

Die erste Kerze brennt am Adventskranz. Endlich ist es soweit. Nach all den elektrischen Strahlern, die schon seit Wochen unsere Städte und Dörfer erleuchten, entzünden wir rechtzeitig zum wirklichen Beginn der Adventszeit unsere Wachskerzen. Ja, es gibt Grund zum Feiern: Siehe, dein König kommt zu dir, ein Gerechter und ein Helfer. Wie sollten wir uns da nicht vorbereiten, unsere Häuser schmücken, Lichter in die Fenster stellen und unsere Herzen und Türen öffnen. Vier Adventssonntage führen uns auf Weihnachten hin. Die Vorbereitung ist nicht endlos, unser Warten hat ein Ziel: das Kind in der Krippe, das unser König und Helfer ist.

»Adventus« (lat.) bedeutet »Ankunft«. In der Antike verband man mit dem Wort »adventus« die Thronbesteigung eines Herrschers oder die Ankunft einer Gottheit im Tempel. Die Christen setzten die Ankunft Christi dagegen: Gottes Ankunft als Menschenkind – und seine Wiederkunft am Ende der Zeit (Evangelisches Gottesdienstbuch S. 681).

Im Kirchenjahr, das mit dem 1. Advent beginnt, gibt es zwei große »Zeit-Kreise«, den Osterfestkreis (beginnend mit der »Vorpassionszeit«, siehe S. 52) und den Weihnachtsfestkreis, beginnend mit der Adventszeit. Beide »Zeit-Kreise« zielten einmal auf einen Taufsonntag (Ostern und Epiphanias, den »orthodoxen« Weihnachtstermin) – also auf einen Termin, an dem die »Katechumenen« (die Menschen, die Taufunterricht erhielten), zusammen getauft wurden. Insofern waren die Adventssonntage wie die Passionssonntage durch die Vorbereitungszeit auf die Taufe geprägt – deshalb die »Bußzeit« bzw. »Fastenzeit«.

Während heute die vorweihnachtliche Erwartung die Adventszeit prägt (und damit wirklich etwas Neues anfängt), sind die letzten Sonntage des Kirchenjahres und die Adventszeit ursprünglich in ihrem Anliegen durch die Erwartung des Reiches Gottes ganz ähnlich geprägt. Die Fastenzeit (auf Epiphanias hin) betrug (wie die vorösterliche Fastenzeit) sechs Wochen.

Wochenspruch

Siehe, dein König kommt zu dir,
ein Gerechter und ein Helfer. Sacharja 9,9

Lesung aus dem Alten Testament | *Jeremia 23,5–8*

Ein Regierender, der Recht und Gerechtigkeit ansagt:
Das macht uns eher skeptisch.
Trotzdem hoffen wir und sehnen uns danach:
Wenn doch einer käme, der Schluss macht mit all dem Leid,
das aus Ungerechtigkeit entsteht.
Wie gut, dass Gott immer wieder sagt:
Es gibt mehr, als ihr euch vorstellen könnt.
Wir hören die Verheißung aus dem Buch Jeremia, Kapitel 23.

Epistel | *Römer 13,8–12(13.14)*

»Was bin ich schuldig?«
Im Geschäft oder im Restaurant bezahlen wir den geforderten Betrag
– und dann sind wir quitt.
»Seid niemandem etwas schuldig, außer gegenseitiger Liebe«,
so heißt es in der Epistel.
In der Liebe zum Nächsten ist das also nicht so einfach wie beim Bezahlen.
Die Liebe ist eine unendliche Aufgabe, da werden wir niemals quitt.
Paulus schreibt im 13. Kapitel des Römerbriefes:

Evangelium | *Matthäus 21,1–9*

Die Superstars unserer Zeit.
Schnell sind sie ganz oben,
die Königinnen und Könige der Medien.
Heute die Größten – und morgen schon vergessen?
Wer hilft dann und sagt: Du bist geliebt und angenommen,
ganz egal, ob du oben bist oder unten?

Eben umjubelt. – Dann fallengelassen.
Das Kind in der Krippe und Jesus auf dem Weg ans Kreuz, sie sind eins.
Das Evangelium des ersten Adventssonntags
steht auch am Anfang der Karwoche.
Es wird erzählt bei Matthäus im 21. Kapitel.

Hinweise zur Liturgie

- *Am 1. Advent beginnt jeweils die neue BROT-FÜR-DIE-WELT-Aktion. Durch das Thema könnte ein Teil des Gottesdienstes geprägt sein.*
- *Die Adventszeit ist die Zeit des Singens – und weil in den Familien nicht mehr so viel gesungen wird, legt sich ein Akzent des »familiären Miteinander-Singens« im Gottesdienst nahe, der dankbar aufgenommen wird (Beispiel: »Seht, die gute Zeit ist nah – Singen im Advent« in: Fritz Baltruweit/Mechthild Werner, Begleitet durch Jahr und Tag).*
- *Die »Dunkel-Licht-Symbolik«, die sich ebenfalls anbietet, wird u.a. in »sinfonia oecumenica«, S. 598 ff aufgenommen.*
- *Schließlich: Der Adventskranz verbreitete sich im 19. Jahrhundert. Ein grüner Kranz symbolisiert Leben und Hoffnung – den Sieg des Lebens über den Tod. Das zunehmende Licht steht für die immer stärkere Sehnsucht, dass Gottes Reich kommt.*

Liturgische Farbe: violett.
Psalm 24 (Eine Textübertragung zum Psalm siehe: Hanns Dieter Hüsch/ Uwe Seidel, Psalmen für Alletage, S. 75).

Gabriele Arndt-Sandrock

2. Sonntag im Advent

Die Adventszeit hat zwei Aspekte: Einerseits die Vorbereitung auf die Geburt Jesu, also die Erwartung »der Ankunft des Gekommenen«. Andererseits die Erwartung des Kommens Christi am Ende der Zeit. Den 2. Sonntag im Advent bestimmt diese zweite Erwartung: Das Ende der Geschichte und damit das Ende von Unrecht, Leid und Tod ist nahe. Denn Christus kommt (wieder). »Kopf hoch: Das ist die Glaubens-Haltung, zu der der 2. Sonntag im Advent uns auffordert« (Ev. Gottesdienstbuch, S. 682). Die Botschaft dieses Tages steht dafür, dass »Kopf hoch« keine hohle Phrase ist, sondern die Einladung, auf das Kommen des menschenfreundlichen Gottes zu schauen und auch die Zeit zur Umkehr zu nutzen. Die Gestaltung des Gottesdienstes am 2. Advent steht vor der Aufgabe, die eigensinnigen Aussagen der Texte des Sonntags auf die anders gelagerte Adventsstimmung zu beziehen.

Spruch der Woche

Sehet auf und erhebt eure Häupter,
weil sich eure Erlösung naht. Lukas 21,28

Lesung aus dem Alten Testament

| *Jesaja 63,15–16(17–19a)19b; 64,1–3*

Advent: Zeit vielfältiger Gefühle, Hoffnungen und Aufgaben.
Advent: Zeit der Erwartung.
Die größte Erwartung richtet sich auf das Kommen Gottes.
Schon immer erhoffen Menschen sein Kommen,
damit er die Welt zurecht bringt,
damit Unrecht, Gewalt und Leid nicht das letzte Wort behalten.
Die leidenschaftliche Erwartung des Kommens Gottes
bringt die alttestamentliche Lesung zum Ausdruck.
Israel schreit nach dem wohltuenden Kommen seines Gottes.
In diesen Ruf stimmt die christliche Gemeinde im Advent ein.
Wir hören Worte aus dem Jesajabuch, Kapitel 63 und 64.

Epistel | *Jakobus 5,7–8*

Die Adventszeit ist Zeit des Wartens.
Wir warten auf das Fest der Geburt Jesu.
Die Christenheit wartet im Advent aber auch
auf das Wiederkommen Christi.
Seine Wiederkunft wird alles Leid beenden und Gottes Herrlichkeit
endgültig sichtbar machen.
Aber diese Wiederkunft steht schon lange aus.
So ermutigt schon der Jakobusbrief die Christen
zum geduldigen Warten.
Wir hören die Epistel aus dem 5. Kapitel.

Evangelium | *Lukas 21,25–33*

Oft leiden wir unter den Bedingungen unserer Welt,
unter Unrecht, Gewalt und Tod.
Das Evangelium sagt uns zu, dass Gottes »Macht und Herrlichkeit«
einmal alles Leiden beenden wird.
Es spricht von der Wiederkunft Christi am Ende der Zeit:
»Dann sehet auf und erhebt eure Häupter,
weil sich eure Erlösung naht.«
Das Evangelium mahnt zur Wachsamkeit auf Gottes Kommen
und beschreibt, wie Jesus selbst von den Zeichen der Zeit spricht,
die sein Wiederkommen ankündigen.
Wir hören Worte aus dem 21. Kapitel des Lukasevangeliums.

Hinweise zur Liturgie

*Der Wochenspruch ist in dem Singspruch EG 21 vertont. Er kann mit dem
Psalmgebet oder besser mit den Lesungen oder der Entlassung verbunden werden.*

Liturgische Farbe: violett.
Das Gloria in excelsis entfällt.
Psalm 80,2–7.15–20 oder Psalm 24.

Hans Christian Brandy

3. Sonntag im Advent

Das Weihnachtsfest rückt näher. Wir freuen uns auf ruhige Tage, Entspannung und Zeit für Familie und Freunde. Doch die Weihnachtsvorbereitung hat uns fest im Griff, wir plagen uns auch mit Stress, Hektik und Spannungen in den Familien.

Die Ausgestaltung der Adventszeit als Bußzeit angesichts der Wiederkunft Christi ist heute in den Hintergrund geraten. Im Gedanken der innerlichen Vorbereitung auf das Kommen Gottes kann dieser Aspekt aufgegriffen werden (vgl. den einleitenden Text zum 1. Advent).

Mögliches Thema: Vor- und Wegbereitung für das Christfest – zwischen freudiger Erwartung und hektischem Getriebensein.

Wochenspruch

Bereitet dem Herrn den Weg;
denn siehe, der Herr kommt gewaltig. Jesaja 40,3.10

Lesung aus dem Alten Testament | *Jesaja 40,1–8(9–11)*

Wir bereiten uns auf das Weihnachtsfest vor. Äußerlich sichtbar:
Wir backen Kekse, schmücken unsere Wohnungen.
Wie aber machen wir uns innerlich bereit für das Kommen Gottes?
Diese Frage ist nicht neu:
Die Israeliten waren verbannt im Exil – fern der Heimat.
Ihnen kündigt der Prophet Jesaja eine neue Zeit an.
Bereitet dem Herrn den Weg – heißt es im 40. Kapitel.

Epistel | *1. Korinther 4,1–5*

Adventszeit: Wir bereiten uns auf Gottes Ankunft vor.
Erinnern uns an seine Ankunft als Kind in der Krippe.
Zugleich erwarten wir, dass Jesus Christus wiederkommt,
am Ende aller Zeiten.
Der Apostel Paulus sagt: Bis der Hausherr wiederkehrt,
sollen wir das Haus hüten – einträchtig und ohne Streit.
Im 1. Brief an die Gemeinde in Korinth
zeigt er dazu eine Möglichkeit auf.
Er schreibt im 4. Kapitel:

Evangelium | *Matthäus 11,2–6(7–10)*

Manchmal haben wir einen Menschen zur Seite,
manchmal einen, der uns vorausgeht.
Jesus hatte auch so einen Wegbereiter:
Johannes den Täufer.
Er war vor Jesus da
und taufte die Menschen im Jordan.
Doch Johannes fragt sich,
ob er dem richtigen Mann den Weg bereitet hat.
Ob Jesus wirklich der Retter ist?
Davon erzählt der Evangelist Matthäus im 11. Kapitel.

Hinweise zur Liturgie

*Am 10. Dezember ist Menschenrechtstag. Dazu gibt es vom Kirchenamt der EKD
aktuell herausgegebene Liturgien, die (wenn sie nicht am Menschenrechtstag
selbst gefeiert werden) auch am 3. Advent den Gottesdienst prägen können.
Schließlich ist der 3. Advent thematisch durch den Wegbereiter Jesu, Johannes den
Täufer, und den Weg durch die Wüste geprägt. Diese Prägung verträgt sich gut
mit dem Menschenrechtsthema, das ja auch durch die Sehnsucht geprägt ist, dass
die Menschenrechte einmal ganz zur Geltung kommen. Eine Beispielliturgie ist
enthalten in »sinfonia oecumenica«, S. 610 ff.*

*Liturgische Farbe: violett.
Das Gloria in excelsis entfällt.
Psalm 85,2–8 oder Psalm 24 (Textübertragungen zu den Psalmen.
siehe: Hanns Dieter Hüsch / Uwe Seidel, Psalmen für Alletage,
S. 56, S. 75, S. 79, S. 99).*

Meike Riedel

4. Sonntag im Advent

Nur noch wenige Tage bis Weihnachten. Die Kinder sind vor Freude und Aufregung zappelig. Lassen sich die Erwachsenen von der Freude anstecken oder überwiegt der Vorweihnachtsstress? Sind wir kurz vor dem Ziel oder schon glanzübersättigt?

Der Spruch des Tages ruft uns in Erinnerung: Wir sind in einer freudigen Zeit. Weil Gott kommt!
   Advent ist wie eine Schwangerschaft. Wir werden aufgefordert, diese Zeit bewusst zu begehen, uns darauf einzulassen wie bei einer Geburtsvorbereitung: »Schon und noch nicht« sind wir in andere Umstände gerufen.

Schwanger gehen mit Gott – das lässt sich einüben.
   Mögliches Thema: Guter Hoffnung sein – auch gegen den Anschein.

Wochenspruch

Freuet euch im Herrn allewege, und abermals sage ich euch:
Freuet euch! Der Herr ist nahe! Philipper 4,4–5b

Lesung aus dem Alten Testament | *Jesaja 52,7–10*

Auch im Advent:
Enttäuschte Hoffnungen,
Zerbrochenes in meinem Leben,
Unfriede in der Welt.
Und die Frage, was kommen wird.

Der Prophet Jesaja steht in den Trümmern des zerstörten Jerusalems.
Während die einen trauern,
singt er ein Hoffnungslied.
So erklingt es im 52. Kapitel bei Jesaja:

Epistel | *Philipper 4,4–7*

Wie wird das Weihnachtsfest werden?
Wird uns gelingen, was wir erhoffen?
Viele Sorgen dämpfen die Freude auf das Kommende.

Paulus hatte genug Grund für Sorgen.
Er schreibt aus dem Gefängnis.
Seine Zukunft ist ungewiss.
Aber er lebt aus einer inneren Freiheit.
Er weiß sich Gott nahe.
So schreibt er an gegen die Sorgen
und lockt mit seiner Zuversicht
im Brief an die Philipper im 4. Kapitel:

Evangelium | *Lukas 1,(39–45)46–55(56)*

Gott kommt in unsere Welt.
Für Maria ist das konkret.
Sie ist schwanger.

Maria singt von der Welt, die in anderen Umständen ist,
denn Gottes Barmherzigkeit kommt.
Ihr Lied wird »Magnificat« genannt.
»Magnificat anima mea« bedeutet:
»Meine Seele rühmt (den Herrn).«
Wir hören das Evangelium aus dem 1. Kapitel des Lukasevangeliums:

Hinweise zur Liturgie

*Ich lese trotz der Länge das Evangelium komplett. Im Mittelpunkt steht das so
oft vertonte »Magnificat«, das die soziale Dimension des Weihnachtsfestes in das
Zentrum stellt (Eine Textübertragung zum Magnificat siehe: Hanns Dieter Hüsch/
Uwe Seidel, Psalmen für Alletage, S. 127).*

Liturgische Farbe: violett.
Das Gloria in excelsis entfällt.
Psalm 102,17–23.

Susanne Bostelmann

Christvesper

Weihnachten ist das einzige »inkulturierte« Fest der Christenheit – das Fest, das wirklich in unserer Kultur »eingewurzelt« ist. Auch wenn in unserer Gesellschaft das Gefühl dafür (noch) vorhanden ist, dass zu Weihnachten die Menschen »das zentrale Geheimnis des Lebens« feiern (Manfred Josuttis), kennen nur noch 57 % die Weihnachtsgeschichte.

Das Weihnachtsfest, in dem die Licht-Thematik von Beginn an eine zentrale Rolle spielte, hat sich in Rom neben dem Osterfest erst im vierten Jahrhundert etabliert (alternativ dazu: der orthodoxe Weihnachtstermin am 6. Januar, siehe Epiphanias).

Der Spruch aus dem Johannes-Prolog stellt den ganzen Bogen des Christfestes unter den doppelten Leitgedanken: Gott wird Mensch, unser Nachbar, unter uns, ganz unten. Und zugleich eröffnet sich uns eine neue (Aus- und Ein-) Sicht, ein herrlicher Horizont, eine Welt des Friedens und der Gerechtigkeit. Diese Gute Nachricht ist befreiend und verpflichtend anzusagen und anzusingen – mit den Gottesdiensten am Heiligabend, die in vielen Häusern und Wohnungen das Christfest eröffnen. – Auch wenn die Christvesper in der Regel ohne Abendmahl gefeiert wird, ist doch zu fragen, ob das diakonische Element der Vesperzeit auch einmal im Miteinander-Teilen eines Vespergottesdienstes gewagt werden kann (etwa in Verbindung mit einem anschließenden »Offenen Heiligabend« für Menschen »draußen vor der Tür«). – Für die Gestaltung des jeweiligen Weihnachtsbogens (Heiligabend bis Christfest II) ist eine ästhetische und thematische Abstimmung und Akzentuierung der einzelnen Gottesdienste zu empfehlen und zu veröffentlichen.

Wort des Tages

Das Wort ward Fleisch und wohnte unter uns,
und wir sahen seine Herrlichkeit. Johannes 1,14a

Lesung aus dem Alten Testament | *Jesaja 9,1–6*

Wann hat die Macht der Dunkelheit ein Ende?
Wann sehen wir endlich ein Licht?
Wann hat die Gewalt keinen Boden mehr unter den Füßen?
Wann bricht endlich der Friede aus?
Der Prophet Jesaja weiß davon:
Ein Kind des Friedens ist geboren,
es trägt viele Namen – im Namen Gottes.
Hören wir den Anfang des 9. Kapitels:

Epistel | *Titus 2,11–14*

Wann hat das Unheil unter uns ein Ende?
Wann kommt die Gnade endlich zum Vorschein?
Wann sehen wir Gottes Angesicht endlich klar?
In Gottes Namen:
Alle Menschen werden das Heil sehen:
Christus in Menschengestalt!
Im Brief an Titus, im 2. Kapitel,
wird es auf den Punkt gebracht:

Evangelium | *Lukas 2,1–14(15–20)*

Jedes Kind kennt diese Geschichte
und geht doch immer wieder mit:
mit Maria und Josef, den Hirten, den Engeln,
mit allen Menschen, mit der ganzen Erde,
gemeinsam auf dem Weg nach Bethlehem.
Vom Kind in der Krippe erzählt unauslöschlich
das Evangelium bei Lukas im 2. Kapitel.

Hinweise zur Liturgie

Unterschiedliche Figuren der Weihnachtsgeschichte(n) werden während der Christ-vesper (oder der verschiedenen Weihnachtsgottesdienste) »sprechend« in den Vordergrund gerückt und können helfen, ihren manchmal hintergründigen Ort im »Krippenbild« zu bedenken und im Herzen zu bewegen.

Liturgische Farbe: weiß.
Psalm 2 oder Psalm 96.

Günter Ruddat

Christnacht

Das Licht, das mit dem Kind in der Krippe jeden Horizont erhellt, entfaltet seine Leuchtkraft gerade dann, wenn die Sonne untergegangen ist. Die Hirten auf dem Feld, die Suchenden und Sehnenden, folgten dem Stern und hatten Furcht und Zweifel abgelegt. Alle wollten dem Kind nahe kommen. Ihm die Ehre erweisen und seinen Glanz in sich aufnehmen.

Situation: Langsam kommt der Tag zur Ruhe. Es gibt ein Verlangen, nach dem Austeilen von Geschenken sich leise dieser geweihten Nacht hinzugeben und ihr Geschenk an uns zu bestaunen.

Wort für die Nacht

Und das Wort ward Fleisch und wohnte unter uns,
und wir sahen seine Herrlichkeit. Johannes 1,14a

Lesung aus dem Alten Testament | *Jesaja 7,10–14*

Wir suchen im Leben nach deutlichen Zeichen,
die erkennen lassen: Es gibt Gott.
Jemand wird geheilt von einer schweren Krankheit.
Ein Mensch öffnet wieder sein Herz für uns
nach langer Zeit des Schweigens.
Menschen werden satt.
Frieden wächst.
Heute Nacht
brauchen wir ein deutliches Zeichen von Gott.
So hören wir den Propheten Jesaja.
Worte aus dem 7. Kapitel.

Epistel | *Römer 1,1–7*

Das Kind in der Krippe ist Gott selbst.
Und doch ist es verankert in menschlichen Bezügen.
Das Kind stammt aus dem Geschlecht Davids,
hat Vater und Mutter.
Es ist uns ähnlich, so fühlen wir uns verwandt mit ihm.
Und doch ist es immer mehr als wir,
denn der Geist aus himmlischen Quellen wohnt in ihm.
So vermag es uns zu trösten
über alle uns bestimmenden Grenzen hinweg.
Das verkündet der Apostel Paulus
seiner von ihm gegründeten Gemeinde in Rom.
Hören wir aus dem 1. Kapitel des Römerbriefes:

Evangelium | *Matthäus 1,(1–17)18–21(22–25)*

Josef, der Vater von Jesus, erkennt,
dass seine Frau Maria ihr Kind mit himmlischer Kraft empfangen hat.
Er achtet dieses Geschenk,
fügt sich in die ihm zugedachte Rolle.
Er weiß durch die Botschaft eines Engels,
dass sein Kind in der Welt eine große Aufgabe haben wird.
Davon erzählt der Evangelist Matthäus im 1. Kapitel.

Hinweise zur Liturgie

Der Schweizer Pastor und Autor Kurt Marti hat einen einfachen Satz zur Weihnacht geschrieben: »Mach's wie Gott, werde Mensch.«
In einem Kind berührt Gott die Menschen auf zärtliche Weise und zeigt sich als Angewiesener auf Beziehungen. Der Mensch kann sich besinnen auf seine Gefühle, seine Beschränkungen und Sehnsüchte, sein ureigenes Verlangen, gehalten und gewiegt zu werden wie ein Kind.
Siehe zur »Heiligen Nacht« auch den Gottesdienstentwurf »Eine kleine Rose ...« – Christmette in der Heiligen Nacht, in: Fritz Baltruweit / Mechthild Werner, Begleitet durch Jahr und Tag.

Liturgische Farbe: weiß.
Psalm 2.

Christine Behler

Christfest I

Der Gottesdienst am 1. Weihnachtsfeiertag ist ein Festgottesdienst. Er hat aber seinen eigenen Charakter dadurch, dass längst der Heilige Abend als das »eigentliche« Fest begangen wird (zur Geschichte der Weihnachtsgottesdienste vgl. Ev. Gottesdienstbuch, S. 686). Die eigentümliche Anspannung und Hochstimmung des Heiligabends ist am 1. Feiertag gewichen (auch die Fülle in den Kirchen); dafür sind oft mit dem Licht des Tages Ruhe und eine gewisse Ernüchterung eingekehrt. Die Anwesenden werden sehr offen sein für die Feier der Liturgie und das Singen der Weihnachtslieder, aber auch gespannt auf die Auslegung der Weihnachtsbotschaft in der Predigt.

Spruch des Tages

Und das Wort ward Fleisch und wohnte unter uns,
und wir sahen seine Herrlichkeit. Johannes 1,14a

Lesung aus dem Alten Testament | *Micha 5,1–4a*

Woher kommt uns Trost in der Not?
Schon im Alten Testament wird gerade Menschen in Angst und Anfechtung Gottes Heil verheißen.
So wird im Buch des Propheten Micha der Retter angekündigt, der Gottes Frieden bringen wird.
Er soll aus dem kleinen Bethlehem kommen,
das einmal Heimatort des König David war.
Wir hören die alttestamentliche Lesung aus dem 5. Kapitel des Propheten Micha.

Epistel | *Titus 3,4–7*

»Wird Christus tausendmal in Bethlehem geboren
und nicht in dir,
du bleibst noch ewiglich verloren.«
So dichtet Angelus Silesius.
Wie kann das geschehen,
dass Christus bei uns geboren wird?

Die Epistel aus dem Titusbrief gibt eine Antwort,
indem sie Jesu Geburt mit unserer Taufe verbindet:
In der Taufe wird uns die bedingungslose »Freundlichkeit und
Menschenliebe Gottes«, die Weihnachten erschienen ist,
persönlich zugesagt.
Wir hören Worte aus Titus 3.

Evangelium | *Lukas 2,(1–14)15–20*

Der Heilige Abend ist vorüber.
Seine eigentümliche Stimmung ist gewichen.
Im Licht des Tages hören wir noch einmal die Weihnachtsgeschichte,
in der Lukas die Geburt Jesu im Stall von Bethlehem erzählt.
Die Hirten sind die ersten Zeugen der Geburt Jesu und hören die
Friedensbotschaft der Engel.
Nun kehren sie wieder um,
zurück zu ihren Herden und in ihren Alltag.
Das Evangelium steht bei Lukas im 2. Kapitel.

Hinweise zur Liturgie

Alle Texte von Christfest I und II können untereinander ausgetauscht werden.
Liturgische Farbe: weiß.
Psalm 96.

Hans Christian Brandy

Christfest II

Weihnachten ist kein Termin. Es ist Weltwende. Die Tür zum schönen Paradeis steht offen. Der Ewige kommt in seine geliebte Welt, und in der Kirche sind heute die versammelt, die es nochmals hörend und singend feiern wollen.

Heute werden die Reste des Festmahls verspeist. Heute kommt Oma zu Besuch. Die Wohnungstür hat sich nach dem Verschluss am Heiligen Abend wieder geöffnet für die normalen Kontakte. Lena und Ole spielen mit ihren Freunden die geschenkten Sachen durch. Vater ist beim Frühschoppen. Mutter hat endlich Zeit, die geliebten Weihnachtslieder in der Kirche zu singen. Wenn die Familie nachher zum Mittagessen gerufen wird, soll sie von dem Untermieter wissen, der dazu gekommen ist und im Spruch des Tages angekündigt wird.

Wort des Tages

Das Wort ward Fleisch und wohnte unter uns,
und wir sahen seine Herrlichkeit. Johannes 1,14

Lesung aus dem Alten Testament | *Jesaja 11,1–9*

Gott verwandelt seine Welt.
Hoffentlich.
Er will bei uns wohnen.
Wir sehen schon die Bilder und hören die Musik. Von nebenan.
Eine gewaltige Komposition ist aufgeschlagen.
Jesaja, der große Prophet, hält den Taktstock in der Hand.
Die Musiker warten auf seine erste Bewegung.
Sehnsuchtsmusik erklingt.
Von weit her. Durch die Jahrhunderte gespielt. Immer wieder.
Bis heute.
Wir lauschen hinein: Jesaja 11,1–9.

Epistel | *Hebräer 1,1–3(4–6)*

Gott redet. Heute. So wie gestern. Und vorgestern.
Er redet durch sein Weihnachtswunder.
Im Glänzen und Leuchten in unseren Wohnstuben in diesen Tagen
ist etwas zu sehen von Gottes Glanz.
Wer Augen hat zu sehen, der sehe!
Wir hören schon das Reinigungspersonal fröhlich singend durch unseren
Alltag fegen und unserer Welt einen neuen Schein geben.
Unser Haus wird in Ordnung gebracht.
Wer Ohren hat zu hören, der höre: Hebräer 1,1–3.

Evangelium | *Johannes 1,1–5(6–8)9–14*

Zwei Worte. »Guten Morgen.«
Sie lenken den Tag in die gute Richtung.
Sie sagen an, was werden soll.
Sie verwandeln die Nacht, egal, wie sie war,
in ein gutes Ende und einen verheißungsvollen Anfang.
Lassen wir uns das gesagt sein.
An diesem 2. Weihnachtsmorgen.
Direkt. Von Johannes,
gleich in den ersten Sätzen seines Evangeliums.

Hinweise zur Liturgie

Alle Texte von Christfest I und II können untereinander ausgetauscht werden.
Liturgische Farbe: weiß.
Psalm 96.

Joachim Köhler

1. Sonntag nach dem Christfest

Glauben, staubtrocken und im luftleeren Raum – das ist nicht das Anliegen dieses Sonntags. Vielleicht kann man es nach einem von Reizen überfluteten Weihnachtsfest kaum noch ertragen, aber: Glaube ist sinnlich, so wie Weihnachten sinnlich ist. Man kann ihn sehen, schmecken, tasten, riechen, fühlen und hören. Das greifen die Texte dieses Sonntags auf. Sie erzählen von Menschen, die ihre Sinne einsetzen bzw. dazu aufgefordert werden, um Gott zu erfahren. Sie sehen, hören, tasten – leiblich, saftig, nicht vertrocknet. Daraus entsteht für die Bibel Jubeln, Jauchzen, Trost und Freude. Aus der Sinneswahrnehmung entsteht die Erfahrung Gottes, nicht aus dem Verzicht, nicht daraus, dass man seinen Körper bezwingt. Das körperlose Wort selbst bleibt nicht körperlos. Es nimmt Gestalt an. Gottes Herrlichkeit wird sinnlich erfahrbar.

Wochenspruch

Das Wort ward Fleisch und wohnte unter uns,
und wir sahen seine Herrlichkeit. Johannes 1,14

Lesung aus dem Alten Testament | *Jesaja 49,13–16*

Nur nichts vergessen.
Manche Leute, die etwas Bestimmtes nicht vergessen wollen,
die schreiben sich das in die Handfläche.
Einkäufe. Hausaufgaben. Namen. Telefonnummern. Termine.
Geburtstage.
Nichts vergessen, nur nichts vergessen.
Ich wünschte,
jemand hätte auch mich in seine Handflächen geschrieben.
Hört, was Jesaja notiert – in Kapitel 49:

Epistel | 1. Johannes 1,1–4

Worte reichen oft nicht aus,
um das zu beschreiben, was man erzählen will.
Es gibt Situationen, da muss man stammeln
und immer wiederholen:
Ich habe es gesehen und gehört,
gesehen und gehört.
Und betastet.
So ergeht es dem Autor des 1. Johannesbriefes.
Wir hören Worte aus dem 1. Kapitel.

Evangelium | Lukas 2,(22–24)25–38(39–40)

Ein Drittel seines Lebens verbringt der Mensch mit Warten.
Statistisch gesehen.
Die meisten Menschen können Warteschleifen nicht leiden.
Werden wir je erlöst vom Warten?
Und worauf warten wir?
Erkennen wir überhaupt noch die Zeichen?
Das Evangelium erzählt von Simeon und Hanna.
Beide sind schon alt, sie warten seit langem,
aber sie wissen worauf.
Und bei aller Warterei sind sie scharfen Sinnes geblieben.
Nicht abstumpfen! scheint ihre Botschaft zu sein,
dann erkennst du auch die Zeichen.
Warten kann sich lohnen, sagt Lukas im 2. Kapitel.

Hinweise zur Liturgie

Am 1. Sonntag nach dem Christfest (zwischen Weihnachten und Neujahr)
bietet sich ein »liturgisches Weihnachtsliedersingen« an – mit kurzen Denk-Texten,
Geschichten und vielen Liedern.

Liturgische Farbe: weiß.
Psalm 71,14–18.

Ralf Drewes

Altjahrsabend

Was wäre das Jahresende ohne Inventur und Rückblick? Viele Gottesdienstbesucherinnen und -besucher hören am Altjahrsabend genauer hin und erwarten viel. Kerzen und Gebet, Musik und Predigt sollen helfen, Altes abzulegen und sich für Neues zu öffnen.

Pflichtlektüre für die Vorbereitung dieses Gottesdienstes sind Jahresrückblicke in Zeitungen und Magazinen. Welche Tops und Flops hat das Jahr gebracht? Welche großen Ereignisse haben den vergangenen 12 Monaten den Stempel aufgedrückt? Was hat uns gefreut oder bedrückt? Worüber haben wir gelacht? Was hat Wunden gerissen?

Ziel dieses Gottesdienstes könnte sein, ganz andere Linien aufzuzeigen. Es geht weder um große Politik noch um Stars und Sensationen. Stattdessen könnten die Spuren von »Gerechtigkeit, Frieden und Bewahrung der Schöpfung« die Predigt leiten. Wo sind wir einen Schritt weiter? Und wo zeigt sich die Erlösungsbedürftigkeit der Welt?

Ich wünsche mir, dass Menschen in dieser abendlichen Stunde das alte Jahr Revue passieren lassen können und zugleich motiviert ins neue Jahr gehen. Darum wähle ich als durchgehendes liturgisches Motiv das Bild der Tür. Am Altjahrsabend überschreiten wir ja eine Schwelle ...

Stichwort: »Der du die Zeit in Händen hast« – ein »Nachdenken zwischen den Zeiten« – sich der Führung Gottes anvertrauen

Wort des Abends

Barmherzig und gnädig ist der Herr,
geduldig und von großer Güte. Psalm 103,8

Lesung aus dem Alten Testament | *Jesaja 30,(8–14)15–17*

Wir stehen vor einer geschlossenen Tür.
Nur einen Spalt breit ist sie geöffnet.
Heute Nacht überschreiten wir die Schwelle.
Wie werden wir ins neue Jahr gehen?
Mit fliegenden Fahnen?
Oder bedächtig und sanft?
Der Prophet Jesaja stand einmal an einer ähnlichen Schwelle.
Für ihn sah die Zukunft dunkel aus.
Fremde Mächte rüsteten zum Kampf gegen Israel –
und seine Landsleute vertrauten auf ihre militärische Kraft.
Doch angesichts der kommenden Ereignisse
rät der Prophet zur Gelassenheit.
Wir hören Worte und ein Wortspiel aus Jesaja, Kapitel 30.

Epistel | *Römer 8,31b–39*

Altjahrsabend:
Wir stehen vor der Tür zum Neuen Jahr
und haben schon den Griff in der Hand.
Wie wird es sein in diesem Haus mit der Nummer (... / Jahreszahl)?
Der Apostel schreibt im Römerbrief im Kapitel 8 von dem,
was uns unumstößlich bleibt.

Evangelium | *Lukas 12,35–40*

Altjahrsabend:
Wir sind am Ende des Jahres angekommen,
aber längst nicht am Ziel.
Jede Ankunft ist ein Aufbruch.
Denn hinter der Tür des neuen Jahres warten neue Aufgaben.
Die Welt ist noch lange nicht erlöst.
Wir wünschen uns, dass unser Leben vielleicht glücklicher
und unsere Erde hoffentlich gerechter wird.
Und wir erwarten, dass Jesus Christus uns entgegenkommt
in Raum und Zeit.
Und so heißt es im Lukasevangelium im 12. Kapitel:

Hinweise zur Liturgie

* *Vielleicht wäre hier auch Raum für einen »alternativen« Jahresrückblick: Es gäbe viel zu erzählen über Menschen, die keine Schlagzeilen machten, und über Ereignisse, die nur Randnotizen wert waren. Jenseits von Sensationen gibt es kleine Schritte, die große Wirkung zeigen. Verschiedene Sprecherinnen und Sprecher könnten entsprechende Texte lesen oder Rollen besetzen oder auch Wünsche formulieren.*

* *Ein chinesischer Christ schreibt:*
Ich sagte zu dem Engel,
der an der Pforte des neuen Jahres stand:
Gib mir ein Licht,
damit ich sicheren Fußes der Ungewissheit entgegengehen kann.
Aber er antwortete: Gehe nur hin in die Dunkelheit
und lege deine Hand in die Hand Gottes.
Das ist besser als ein Licht
und sicherer als ein bekannter Weg.

- *In dem Buch »Momo« von Michael Ende wird Momo von einem Sog am Ende der Straße in die dunkle »Niemals-Gasse« gezogen. Bei jedem Schritt, mit dem das Mädchen entfliehen will, wird der Sog stärker. Die weise Schildkröte Cassiopeia rät: Du musst rückwärts gehen, dann kommst Du voran. So kann sich Momo befreien. Wer sich mit der Vergangenheit auseinandersetzt, ist frei für die Zukunft. Der mittelalterliche Pilgerschritt (zwei vor, einer zurück) deutet ein ähnliches Motiv an.*

- *Lässt sich im Kirchraum eine »Zeitlinie« darstellen – mit Eckdaten des vergangenen Jahres?*

- *In einer »Kerzenliturgie« wird in »Von guten Mächten wunderbar geborgen – Meditation zum Jahresschluss« auf das vergangene Jahr zurückgeblickt (sinfonia oecumenica S. 664 ff).*

Liturgische Farbe: weiß.
Psalm 121.

Jan von Lingen

Gott, deinen Namen will ich singen,
Dir entspringt mein Leben.

Aus deiner Schöpfung schöpfe ich,
schöpfe meine Kraft.
In deiner Sonne blühe ich.
In deinem Boden wurzle ich.
Aus dir ziehn meine Sinne Saft.

Deine Farben färben mich.
Deine Schatten schlagen mich.
Dein langer Atem schafft mir Luft.

In deine Nacht verkriech ich mich,
ruhe aus und träume.
Dein Morgen weckt mich auf,
spannt meinen Willen an.

Dein Wille setzt voraus.
Ich setze nach
und tue, was ich kann.

Dein Abendrot führt mich in Weiten.
Ich ahne meine Zeit.
Die Dunkelheit führt mir beizeiten dein Amen vor,
die unbekannte Ewigkeit.

Gott, deinen Namen will ich singen
und dann zu guter Letzt
versteck den meinen
in deinem großen weiten Kleid.

Neujahrstag

Das Wort des Tages nimmt den Leitgedanken aus der Alten Kirche auf: Christus ist der Herr der Zeit. In seinem Namen durch das Neue Jahr zu gehen, ist der richtige Wegweiser für uns.

Für Luther begann das Neue Jahr (auch das Kirchenjahr) eigentlich mit Weihnachten (»Des freuet sich der Engel Schar und singet uns solch Neues Jahr« – EG 24). Er nahm für den Neujahrstag die Tradition wieder auf, über die Beschneidung (acht Tage nach dem Christfest) und den Namen Jesu zu predigen.

Im Evangelischen Gottesdienstbuch ist der Gedanke Luthers nur als Alternative vorgesehen (Ev. Gottesdienstbuch, S.422 f.). Das Motiv des Jahreswechsels dominiert. Somit wird im Ev. Gottesdienstbuch die Situation der am Gottesdienst Teilnehmenden aufgenommen. Die Jahreslosung steht dabei oft im Mittelpunkt der Gottesdienste oder Andachten zum Jahresbeginn.

Wort des Tages

Alles, was ihr tut mit Worten oder mit Werken,
das tut alles im Namen des Herrn Jesus
und dankt Gott, dem Vater, durch ihn. Kolosser 3,17

Lesung aus dem Alten Testament | *Josua 1,1–9*

Ein neues Jahr liegt vor uns – weit und offen.
Wir sehen noch nicht, was kommt.
Was werden wir erleben – auf dem Weg durch dieses Jahr?
Wo geht es mit uns hin?

Einst standen die Israeliten an der Schwelle eines neuen Landes.
Es war das Land, das ihnen von Gott verheißen worden war.
Josua sollte sie hineinführen.
Da bekam er Angst vor der eigenen Courage.
Was sie wohl erleben würden – auf dem Weg in das Land?
Wer würde sich ihnen in den Weg stellen?
Wo würden sie sich niederlassen, wo ihr Haus bauen?
Und: Nach welchen Regeln würden sie miteinander leben?

Hören wir, welche Worte Gott ihnen mit auf den Weg gab.
So steht es geschrieben im Josuabuch im 1. Kapitel.

Epistel | *Jakobus 4,13–15*

Ein neues Jahr steht vor uns – weit und offen.
Was werden wir erleben – auf dem Weg durch dieses Jahr?
Wo geht es mit uns hin?
Wir wissen nicht, ob alles glatt geht in diesem Jahr.
Das geht nicht nur uns so.
Das verbindet uns mit den Menschen aus allen Generationen –
auch mit den Menschen, denen der Autor des Jakobusbriefes schreibt.
Er hat allerdings Leute vor Augen, die ganz genau wissen,
wie alles werden soll.
Ihnen sagt er: Seid euch nicht zu sicher,
dass alles auch so eintrifft.
Vor allem: Plant mit Gott.
Wir hören Worte aus dem 4. Kapitel.

Evangelium | *Lukas 4,16–21*

Gott wird mit uns gehen – auch durch dieses Jahr.
Gott möchte uns zeigen,
wie sich unser Leben verändern kann:
Dass wir Dinge sehen, die wir vorher nicht gesehen haben.
Dass wir aus Engpässen befreit werden.

Das Evangelium für den heutigen Neujahrstag
steht im Lukasevangelium im 4. Kapitel.

Hinweise zur Liturgie

Neujahrsgottesdienste können »den weiten Raum« schon einmal öffnen, der mit dem Neuen Jahr vor uns liegt. Ein im Sinne von »Mit Engeln durch das Jahr« entfalteter Gottesdienstentwurf ist zu finden in: Fritz Baltruweit/Mechthild Werner, Begleitet durch Jahr und Tag.

Liturgische Farbe: weiß.
Psalm 8.

Fritz Baltruweit

2. Sonntag nach dem Christfest

Dieser Sonntag liegt immer nach dem Neujahrstag und vor dem Epiphaniasfest.
Wenn das Epiphaniasfest nicht am 6. Januar mit einem Gottesdienst gefeiert wird,
soll die Epiphanias-Ordnung auf diesen Sonntag vorgezogen werden. Der folgende
Vorschlag gilt also nur für Gemeinden, die auch am 6. Januar Gottesdienst feiern.
*   Thema: Geist und Leben in Jesus – bzw. die »Sohnschaft« Jesu. Die Geschichte*
vom zwölfjährigen Jesus im Tempel schließt die Kindheitsgeschichten ab.

Wochenspruch

Wir sahen seine Herrlichkeit,
eine Herrlichkeit als des eingeborenen Sohnes vom Vater,
voller Gnade und Wahrheit. Johannes 1,14

Lesung aus dem Alten Testament

| *Jesaja 61,1–3(4.9)11.10*

Schon lange vor Jesus gab es Menschen,
die Einblick hatten in Gottes Willen:
Propheten und Prophetinnen.
Sie waren erfüllt von einer guten Botschaft.
Ihnen leuchtete ein Zukunfts-Licht auf.
Einer von ihnen sieht einen Gottesknecht kommen.
Menschen verändern sich durch ihn.
Wer »in Sack und Asche« ging,
legt das Trauergewand ab
und kleidet sich in ein Festtagsgewand.
Der Gottesknecht ist es, der ruft,
bei Jesaja im 61. Kapitel.

Epistel | *1. Johannes 5,11–13*

Aufgeleuchtet ist in Jesus Christus
das veränderte Leben,
das getroste Leben in dieser Welt,
das selige Leben in der kommenden Welt,
das Leben schlechthin.
Die Epistel steht im ersten Brief des Johannes im 5. Kapitel.

Evangelium | *Lukas 2,41–52*

Aufgeleuchtet ist im zwölfjährigen Jesus:
sein Verstand, seine Geistes-Gegenwart, seine Autorität.
Das hat er von seinem Vater, von Gott.
Das Evangelium steht bei Lukas im 2. Kapitel.

Hinweise zur Liturgie

Liturgische Farbe: weiß.
Psalm 138,2–5 oder Psalm 96.

Peter von Baggo

Epiphanias *Fest der Erscheinung*

Epiphanias (griechisch) bedeutet Erscheinung (Epiphanie: Erscheinen einer Gottheit). Am 6. Januar wird in den meisten orthodoxen Kirchen Weihnachten gefeiert. Dieser Tag war einmal ein wichtiger Tauftermin (vgl. S. 12). Das Evangelium zur Taufe (Jesu) ist auf den 1. Sonntag nach Epiphanias verdrängt worden – zugunsten der Geschichte von den Heiligen drei Königen (Weisen). Genauer: Die Texte, die das Epiphaniasfest prägten, sind auch auf die folgenden Sonntage verteilt worden – die Zeit endet mit der Geschichte von der »Verklärung Jesu«: »Hier ist gut sein ...«. Das Lichtmotiv führt durch die Epiphaniaszeit.

Die Finsternis vergeht – und das wahre Licht scheint jetzt. Mein König und mein Bräutigam – der Morgenstern erscheint. Jetzt. Holt dich ab. Steht vor der Tür. Bist du bereit? Wirst du öffnen? Aus dem Dunkel ins Licht. Natürlich: »Allüberall auf den Tannenspitzen sahen wir goldene Lichtlein blitzen«, und wir sind satt geworden und haben uns satt gesehen. Weihnachten. Hoffentlich!

Nicht zurück ins Dunkle, ins business as usual, in die Erreichbarkeit der Welt – ans Handy. Heraus. In die Erreichbarkeit Gottes, ins Licht. Jetzt! Epiphanias. C+M+B wird in katholischen Gegenden mit Kreide über die Tür geschrieben: »Christus segne dieses Haus« – Geht im Licht ein und aus.

Wort des Tages

Die Finsternis vergeht und das wahre Licht scheint jetzt. 1. Johannes 2,8

Lesung aus dem Alten Testament | *Jesaja 60,1–6*

Draußen müssten wir's hören.
Ohne Autolärm, ohne die Grundgeräusche des Alltags.
Die Sinne atmen lassen.
Das Gesicht dem Segen entgegen strecken.
Vom Glück Gottes durchrieselt werden.
Einfach nur genießen.
Beschienen von seinem Licht hält uns kein Dunkel mehr.
Diese Worte einatmen.
Hören wir die Stimme Gottes: Jesaja 60,1–6.

Epistel | *Epheser 2,2–3a.5–6*

Geheimnis des Glaubens.
Wir tasten uns heran.
Mit dem Herzen.

Geheimnisse entschlüsseln sich im Innern
und lassen uns staunen.
Ein Geheimnis: Wer wird errettet?
Und die Antwort: Ich gehöre dazu!
Wie die Adressaten des Briefes.
Hören wir Epheser 2.
Paulus schreibt:

Evangelium | *Matthäus 2,1–12*

Könige beten. Fallen nieder.
Unsere Könige am Heiligen Abend waren schön verkleidet. Kinder.
Es war ein Spiel. Ein zu Herzen gehendes.
Im Evangelium heute läuft ein Königsfilm ab.
Mit Herz, Schmerz und Happy End.
Mit dunklen Einstellungen und Licht.
Helles Licht über den betenden Königen im Stall.
Sehen und hören wir den Film
vom hellen Licht im dunklen Lande
in Matthäus 2,1–12.

Hinweise zur Liturgie

*Der Bund der Deutschen Katholischen Jugend gibt in jedem Jahr ein Materialheft
zur »Aktion der Sternsingerinnen und Sternsinger« heraus. Sie gehen von Tür zu
Tür, singen und sammeln für ein Dritte-Welt-Projekt, das in einer »Liturgie der
Aussendung« vorgestellt wird (www.sternsinger.de). Weil die Aktion im evangelischen Raum nicht so verbreitet ist und weil die Projekte (wenn so etwas »bei uns«
gemacht wird) eher gemeinde- oder kirchenkreisbezogen ausgewählt werden,
wird in der Liturgie »Leuchte Du uns voran – Aussendung zum Sternsingen« die
Thematik eher grundsätzlich entfaltet (sinfonia oecumenica, S. 648ff).*

*Wenn der 6. Januar kein staatlicher Feiertag ist (und wenn es nicht am Abend
gefeiert wird), kann das Epiphaniasfest auch auf einen der folgenden Tage ver-
legt werden.*

*Liturgische Farbe: weiß.
Psalm 72,1–3 oder Psalm 100.*

Joachim Köhler

1. Sonntag nach Epiphanias

*Für den Epiphaniastag setzte sich das Evangelium Matthäus 2,1–12 durch. Tenor:
Die ganze Welt zieht es zum Licht des Lebens. Die (orthodoxe) Ostkirche hielt
an diesem Tag an der Feier der Taufe Jesu fest. Die lutherische Agende folgt der
römischen Ordnung und hat den 1. Sonntag nach Epiphanias zum Sonntag
der Taufe Jesu bestimmt. Die anderen Inhalte des Epiphaniasfestes wurden auf
die weiteren Sonntage der Epiphaniaszeit gelegt.*

Wochenspruch

Welche der Geist Gottes treibt, die sind Gottes Kinder. Römer 8,14

Lesung aus dem Alten Testament | *Jesaja 42,1–4(5–9)*

Was geht von uns aus?
Richten wir Menschen auf – oder beugen wir sie?
Gott jedenfalls stärkt die Geknickten.
Du richtest dich auf.
Und die Schatten weichen hinter dich.
Den Ausgebrannten geht ein Licht auf.
Und die Finsternis vergeht.
So steht es geschrieben im Buch des Propheten Jesaja
im 42. Kapitel.

Epistel | *Römer 12,1–3(4–8)*

Paulus will mitreißen zu neuen Ufern,
steht im Brief an die christliche Gemeinde in Rom.
Wir gehören zu Gott.
Und darum können wir in seinem Sinne handeln.
So wird das ganze Leben zu einem Gottesdienst.
Hört, was Paulus im 12. Kapitel seines Römerbriefes zu sagen hat:

Evangelium | *Matthäus 3,13–17*

Es ist ein Teufelskreis.
Wir haben Angst voreinander und verbreiten darum Angst.
Also ist unser Vertrauen wohl zu schwach.
Wir müssen uns wieder eintauchen lassen in das Wissen,
das Jesus zu seiner Taufe empfing.
Es könnte uns retten,
denn das Schlimmste ist,
so Rabbi Schlomo von Karlin:
»Wenn der Mensch vergisst, dass er ein Königskind ist.«
Hört deshalb von Jesu Taufe, wie es Matthäus im 3. Kapitel erzählt:

Hinweise zur Liturgie

Liturgische Farbe: grün.
Psalm 89,2–6.20–23.27–30 oder Psalm 100.

Thomas Hofer

2. Sonntag nach Epiphanias

Das Lichtmotiv führt durch die Epiphaniaszeit (»Epiphanie« bedeutet Erscheinung). Die Freude darüber bestimmt auch diesen Sonntag: Wasser wird zu Wein. Ein Wandlungswunder ist Zeichen der »Epiphanie«. Gott lässt es hell werden auf Erden. Dieses Zeichen zu Beginn der »Wirkungszeit« Jesu schlägt den Anfang eines Bogens, der kurz vor dem Tod Jesu in der letzten Abendmahlsfeier Jesu mit seinen Jüngern seine Entsprechung findet.

Wochenspruch

Das Gesetz ist durch Mose gegeben;
die Gnade und Wahrheit ist durch Jesus Christus geworden. Johannes 1,17

Lesung aus dem Alten Testament | *2. Mose 33,17b–23*

Mose hatte den Auftrag, Israel aus der Knechtschaft zu führen
in Richtung Gelobtes Land.
Anfangs ging es zügig den Wunderweg durchs Rote Meer,
als die Fluten sich teilten.
Ein Triumphzug.
Aber dann: Hunger und Durst.
Und Mose verzagte.
Doch er gibt sich einen Ruck.
Bricht kurzerhand ins Gebirge auf,
um sich ganz persönlich zu vergewissern, ob Gott noch da ist.
Hört aus dem 2. Mosebuch, was ihm da widerfährt.

Epistel | *Römer 12,(4–8)9–16*

Zu wem gehören wir ?
Zu einer Familie,
zu einer Handvoll geliebter Menschen.
Wir leben in unserem Land,
sind Europäer darüber hinaus,
Weltbürgerinnen und Weltbürger.
Gott will, dass wir Glieder eines Ganzen sind.

Darum richtet Paulus seine Phantasie auf die Frage:
Wie organisiert sich eine christliche Gemeinschaft?
Was ist wichtig, miteinander und füreinander?
Hört aus seinem Römerbrief im 12. Kapitel.

Evangelium | *Johannes 2,1–11*

Typisch Jesus.
Johannes schildert uns in seinem Evangelium
sein Markenzeichen:
Jesus macht Freude,
hilft aus der Not.
Gott zum Anfassen.
Und das Leben wird ein Fest.
Das ist Programm.
Hört von der Hochzeit zu Kana – bei Johannes im 2. Kapitel.

Hinweise zur Liturgie

Liturgische Farbe: grün.
Psalm 105,1–8 oder Psalm 100.

Am 15. Januar ist der Geburtstag von Martin Luther King (*1929) –
auch ein interessantes Datum unter dem Stichwort »Epiphanias«.
Siehe dazu Kurt Rommel (Hg.), Unvergessen, Gedenktage 2004,
Gütersloh 2003, S. 17.

Thomas Hofer

3. Sonntag nach Epiphanias *Bibelsonntag*

Aus allen Richtungen werden sie kommen zum großen Fest an Gottes Tisch. Die Tore stehen offen. Alle sind gemeint: Die Glaubenden und die Nichtglaubenden. Es kommt darauf an, den Ruf zu hören. Groß und international wird das Fest der Völker im Reiche Gottes sein. Quer durch die Bibel zieht sich dieses Motiv.

Falls der 3. Sonntag nach Epiphanias auf den Bibelsonntag fällt (Bibelsonntag ist immer am letzten Sonntag im Januar), lohnt sich ein Hinsehen auf solche Bibelstellen, z.B.: Jesaja 25,6 ff; Offenbarung 19,17; dazu die Mahlfeiern Jesu und Matthäus 8,11; der Wochenspruch Lukas 13,29 o.ä., Lukas 19,1 ff und die Festmahl-Gleichnisse.

Wochenspruch

Es werden kommen von Osten und von Westen, von Norden und von Süden, die zu Tisch sitzen werden im Reich Gottes. Lukas 13,29

Lesung aus dem Alten Testament
| 2. Könige 5,(1–8)9–15(16–18)19a

Ein kranker Offizier.
Mit seinem Aussatz muss er in Quarantäne,
kann nicht mehr unter die Menschen gehen.
Obwohl er kein Jude ist,
greift der Prophet Elisa ein.
Er heilt den Kranken mit Namen Naaman.
Seine ungewöhnliche Therapie
ist nachzulesen im 2. Buch der Könige, Kapitel 5.

Epistel *| Römer 1,(14–15)16–17*

Paulus, Apostel der Völker, schreibt an die Gemeinde
in der Hauptstadt des Römischen Reiches.
Das Evangelium muss zu allen hin:
Zu Juden, Griechen und Nichtgriechen!
Für jeden Menschen gilt: Du bist einzigartig.
Du hast deinen Wert aus der Zuwendung Gottes.
Ohne dein Zutun.
Das 1. Kapitel aus dem Römerbrief ist eine der Kernstellen
der Reformation.

Evangelium | *Matthäus 8,15–13*

Ein römischer Hauptmann bittet Jesus für seinen kranken
Untergebenen um Hilfe.
Jesus kündigt seinen Besuch an.
Aber der Offizier lehnt bescheiden ab.
Es genügt doch, wenn Jesus es einfach befiehlt.
Ein Gespräch auf Augenhöhe.
Jesus lässt sich darauf ein,
weil er das Vertrauen des fremden Mannes spürt.
So wird der Glaube eines römischen Soldaten
zur Messlatte für alle, die an Christus glauben.
Erzählt im Matthäusevangelium im 8. Kapitel.

Hinweise zur Liturgie

*Texte aus der Tradition bieten sich ergänzend zu den Lesungen an: Der 2. Artikel
im 5. Hauptstück von Luthers Kleinem Katechismus (EG 806,5); Artikel 4 des
Augsburger Bekenntnisses (EG 808); These 2 der Barmer Theologischen Erklärung
(EG 810). Vielleicht auch als Glaubensbekenntnis?*

*Noch ein Hinweis: Für den Bibelsonntag (und die Bibelwoche) gibt es (auch
liturgische) Arbeitshilfen der Deutschen Bibelgesellschaft. Außerdem sind
Praxishilfen zum Jahr der Bibel 2003 gut zu verwenden. Etwas Besonderes:
»Bibel ohne Worte – Carlos Martinez inszeniert das Buch der Bücher« – Video und
Arbeitshilfe für den Einsatz im Gottesdienst und in verschiedenen Gemeinde-
gruppen, www.kirchliche-dienste.de*

*Liturgische Farbe: grün.
Psalm 86,1–11.17 oder Psalm 100.*

Bodo Wiedemann

4. Sonntag nach Epiphanias

Das Lichtmotiv führt durch die Epiphaniaszeit. Christus überwindet die Bedrohungen unseres Lebens – das ist der Tenor des 4. Sonntags nach Epiphanias.
   Angst, sogar Todesangst, ist das verbindende Thema der drei Lesungen. Die Texte nehmen einerseits reale Bedrohungen auf (Paulus), nehmen sie ernst und zeigen, dass der Glaube nicht vor Todesangst bewahrt, andererseits wissen sie um die Irrationalität von Ängsten und empfehlen Distanzierung. Gemeinsam ist ihnen das Anliegen, zurück zu führen zu Gottes Kraft. Sie lindert die Angst und hilft, sie durchzustehen. Auffällig ist die Vielzahl der Bilder, mit denen dieses ausgemalt wird. Das bewegte Meer als Symbol für die Angstsituation und der Schlaf als Ausdruck der erlebten Gottesferne sind verbindende Motive.

Wochenspruch

Kommt her und sehet an die Werke Gottes, der so wunderbar ist in seinem Tun an den Menschenkindern. Psalm 66,5

Lesung aus dem Alten Testament | *Jesaja 51,9–16*

Warum ängstigen wir uns,
wovor wir uns nicht zu ängstigen bräuchten?
Wo ist Gott in der Angst?
Der Prophet Jesaja schenkt seinem verängstigten Volk so etwas
wie ein Kaleidoskop:
Wie lauter bunte Mosaiksteine fügt er gute Erinnerungen und
Rettungserfahrungen mit Gott, Versprechen und Visionen zusammen
zu einem großen veränderlichen Bild.
Sie erinnern die Verängstigten an Gottes Kraft.
Auch in der Angst macht sie es möglich,
den festen Boden unter den Füßen wieder zu finden.
Wir hören aus Jesaja 51:

Epistel | *2. Korinther 1,8–11*

Wenn wir dem Tod entkommen, sagen wir:
Gott hat uns bewahrt.
Aber was ist, wenn jemand stirbt?
Hat Gott diesen Menschen nicht bewahrt?
Man könnte an Gott verzweifeln.
Paulus denkt es andersherum.

Für ihn steht an erster Stelle: Gott weckt die Toten auf.
Dies kann man schon im Leben spüren,
wenn man aus Todesangst gerettet wird.
Glauben heißt nicht, dass wir immun wären gegen die Angst,
aber jede Rettung aus Todesangst ist wie eine kleine Auferweckung
aus dem Tod.
Paulus schreibt im 2. Korintherbrief im 1. Kapitel:

Evangelium | *Markus 4,35–41*

Manchmal schlägt alles über uns zusammen,
wir werden überflutet,
geraten in Strudel und ertrinken in etwas.
Es sind Bilder von Wellen und aufgewühltem Meer,
mit denen wir unsere Angstmomente beschreiben.
Das Evangelium bietet uns eine andere Wirklichkeit an:
Jesus schläft inmitten der tosenden Wellen seelenruhig.
Gegen unsere Schlaflosigkeit und unser Aufgewühltsein
ist es dieses Bild, das wir in uns aufnehmen
und beruhigend wirken lassen können.
So steht es bei Markus im 4. Kapitel.

Hinweise zur Liturgie

Die Spannung zwischen schlafloser Angst und ruhevollem Schlaf begegnet in umgekehrter Weise in der Gethsemane-Perikope (Matthäus 26,36ff): Jesus hat Angst, braucht die Begleitung der Jünger, aber sie schlafen. Eine Gegenüberstellung dieser beiden Texte eröffnet neue Aspekte und führt den in der Epistel thematisierten Zusammenhang von Rettung aus Todesangst und Auferweckung vom Tod weiter aus.

Vgl. auch die Aufnahme von Jesaja 51,11 im Deutschen Requiem von Johannes Brahms sowie die Bitte um die Auferweckung der Toten im jüdischen Achtzehn-Bitten-Gebet.

Siehe auch die ausführlich entwickelte Liturgie »Warum habt ihr Angst?« in: Gottesdienstentwürfe zur Ökumenischen Dekade »Gewalt überwinden« 02, über www.kirchliche-dienste.de.

Liturgische Farbe: grün.
Psalm 107,1–2.23–32 oder Psalm 100.

Christine Tergau-Harms

5. Sonntag nach Epiphanias

Während die anderen Epiphaniassonntage von dem Aufscheinen der verborgenen Güte und Nähe Gottes sprechen, verweist dieser Sonntag uns gewissermaßen auf die dunkle Rückseite. Wenn das Licht aufscheint, wird zugleich deutlich: Es gibt auch Böses, Dunkles, Unverständliches. Der Spruch der Woche sagt es ausdrücklich: Im Licht Gottes wird nicht nur seine Güte, sondern auch verborgene Bosheit offenkundig.

Geht man vom Evangelium aus, so ordnen sich die anderen beiden Lesungen dem zu. Das Evangelium verweist uns auf die düstere Wirklichkeit, dass auf Erden auch der Feind am Werke ist und seinen Samen ausbringt. Offensichtlich aber ist es nicht möglich, gegenwärtig schon klar zwischen Bösem und Gutem zu unterscheiden. Die Lesung aus dem Alten Testament unterstreicht angesichts dieses Sachverhalts die Unbegreiflichkeit der geschichtlichen Ereignisse und des göttlichen Urhebers. In solcher Situation der Unbegreiflichkeit und Undurchsichtigkeit gibt es nur eine mögliche Haltung, wie sie die Epistel zum Ausdruck bringt, nämlich auf die endgültige Offenbarung der Wahrheit Gottes zu warten und treu und untadelig auf den Tag Christi zu hoffen. Deshalb singt die Gemeinde »Ach bleib bei uns, Herr Jesu Christ« (EG 246).

Wochenspruch

Der Herr wird ans Licht bringen,
was im Finstern verborgen ist,
und wird das Trachten der Herzen offenbar machen. 1. Korinther 4,5b

Lesung aus dem Alten Testament | *Jesaja 40,12–25*

Das Leben in seiner Widersprüchlichkeit von Gut und Böse
gibt uns schier unlösbare Rätsel auf.
Das Geheimnis des Lebens, das wir Gott nennen,
können wir nicht fassen.
Gott ist größer, weiter, erhabener als alles, was wir kennen.
Der Prophet Jesaja formuliert Fragen
und lässt uns so das Geheimnis ahnen.
So heißt es bei Jesaja im 40. Kapitel:

Epistel | *1. Korinther 1,(4–5)6–9*

Zuerst sind wir Feuer und Flamme.
Aber was ist, wenn der Weg schwierig wird?
Gott hat uns auf einen Weg gesetzt,
uns Verheißungen gegeben, Wertvolles anvertraut.
Werden wir ihm treu bleiben?
Eines ist gewiss:
Egal wie stark oder schwach unser Glaube ist,
Gottes Treue ist unumstößlich.
Von dieser Treue spricht Paulus im 1. Korintherbrief im 1. Kapitel.

Evangelium | *Matthäus 13,24–30*

Schnell sind wir mit unserem Urteil:
Hier die Guten, dort die Bösen.
Das Böse soll mit Stumpf und Stiel ausgerottet werden.
Aber ist überhaupt klar, was gut und was böse ist?
Jesus mahnt uns zur Vorsicht mit unserem vorschnellen Urteil.
Bei Matthäus im 13. Kapitel heißt es:

Hinweise zur Liturgie

Liturgische Farbe: grün.
Psalm 37,1–7a.

Friedrich Hauschildt

Letzter Sonntag nach Epiphanias

An diesem Sonntag begeht die Christenheit das Fest der »Verklärung« Christi. Verklärung meint hier nicht Verdrängung oder Überhöhung. Vielmehr: Auf den irdischen Jesus fällt das Licht von oben, an Jesus von Nazareth geht den Menschen »ein Licht auf«, er wird »durchsichtig« für Gottes Glanz. Das Himmelreich ist schon zu sehen (Vision) und zu hören (Audition).

Dass Gott sich in Christus offenbart, ist nicht der Anfang der Offenbarung schlechthin. Gott hat sich seinem Volk bereits vorzeiten zu erkennen gegeben. Davon spricht die alttestamentliche Lesung, die von der Ur-Epiphanie berichtet. Bemerkenswert ist der kompositorische Ort der damit korrespondierenden Erscheinungsgeschichte aus dem Neuen Testament: Bevor die Passionszeit uns den dunklen Weg Jesu vor Augen zeichnet, werden wir dessen gewahr: In ihm ist Licht, das auch in der Finsternis nicht erlischt.

Die Epistel vollzieht eine bemerkenswerte Ausweitung: Das Licht, das Gott in Christus in diese Welt strahlen lässt, soll an uns, an unseren Herzen sich widerspiegeln. Auch wir geraten in den Glanz, geben ihn weiter – freilich als »irdene Gefäße«.

Wochenspruch

Über dir geht auf der Herr,
und seine Herrlichkeit erscheint über dir. Jesaja 60,2

Lesung aus dem Alten Testament | *2. Mose 3,1–10(11–14)*

Mitten im Alltag erscheint plötzlich die Heiligkeit Gottes.
Der Namenlose gibt seinen Namen preis,
der unendlich Erhabene zieht Mose ins Gespräch,
er macht sich ansprechbar, ansprechbar auch für uns.
Und die Offenbarung des Heiligen bedeutet Rettung,
Rettung für die Israeliten aus der Gefangenschaft in Ägypten,
Rettung für die, die Gott vertrauen,
aus jeweils ihrer Gefangenschaft.
Hören wir die Geschichte von Gottes Offenbarung
im brennenden Dornbusch aus dem 2. Buch Mose, Kapitel 3.

Epistel | *2. Korinther 4,6–10*

Wir sehnen uns nach Licht.
Nicht nach dem Glanz von Menschen,
sondern nach dem wahren Licht.
Paulus spricht von einem Licht,
das von Gott kommt
und sich in uns widerspiegeln will.
So schreibt Paulus im 2. Korintherbrief im 4. Kapitel:

Evangelium | *Matthäus 17,1–9*

»Mir geht ein Licht auf« sagen wir,
wenn wir plötzlich etwas besser begriffen haben.
Einen erfüllten Augenblick wollen wir gerne festhalten.
Wer wollte nicht auf dem Gipfel der Erleuchtung verweilen?
Aber das geht nicht.
Uns werden die Augen geöffnet,
damit wir unseren irdischen Weg erleuchtet weitergehen.
Von einem solchen Ereignis berichtet Matthäus im 17. Kapitel.

Hinweise zur Liturgie

Liturgische Farbe: weiß.
Psalm 97 oder Psalm 100.

Friedrich Hauschildt

3. Sonntag vor der Passionszeit

Septuagesimae

Es gibt Hinweise, dass mit dem Sonntag Septuagesimae einmal das Kirchenjahr begann (Septuagesimae: lat. = siebzig – ergänze: Tage vor Ostern – das ist eine ungenaue Angabe, vgl. dazu auch »Sexagesimae«, den nächsten Sonntag). In jedem Fall begann die Zeit, in der sich Katechumenen (Menschen, die Taufunterricht erhielten) auf die Taufe vorbereiteten, die in der Osternacht gefeiert wurde. Heute klafft so eine liturgische Tradition und die Liturgie der Wirklichkeit auseinander:

Der Karneval hat »Hoch-Zeit«. Geblieben von der alten Tradition ist der thematische Schwerpunkt des Sonntags, der die »Vorfastenzeit« einläutet: Nachfolge.

Das Wort »Demut« steht nicht sehr hoch im Kurs. Es klingt nach Unterwerfung, nach Niederlage. Aber auch nach Stillehalten und Devot-Sein und der Lust am Leid klingt es. Schade, sagen die Texte dieses Sonntags. Denn irgendwie müsste man doch benennen, dass der Mensch gut dran ist, wenn er sich selbst einschätzen kann. Wenn er sich zurecht findet und weiß: Hier bin ich richtig, das ist in Ordnung so. »Demut« ist tatsächlich also mutig.

Und: Der Mensch ist gut dran, wenn er weiß, dass er an sich selbst arbeiten kann. Nichts muss bleiben, wie es ist. Wir sind noch auf dem Weg zu einer neuen Gerechtigkeit. Gut, das zu wissen.

Wochenspruch

*Wir liegen vor dir mit unserm Gebet
und vertrauen nicht auf unsere Gerechtigkeit,
sondern auf deine große Barmherzigkeit. Daniel 9,18*

Lesung aus dem Alten Testament | *Jeremia 9,22–23*

Israels Propheten wollten die Gegenwart diagnostizieren.
Sie waren nicht Astrologen, sondern Visionäre,
nicht Scharlatane, sondern Kritiker.
Ungerechtigkeit führt zur Katastrophe, das wussten sie.
Also suchten sie nach einem Maßstab für die Gerechtigkeit,
damit die Katastrophe verhindert würde.
Jeremia schreibt davon im 9. Kapitel.

Epistel | *1. Korinther 9,24–27*

Sportler sagen: Bei einem Wettbewerb geht es nicht darum,
den einen oder die andere zu besiegen.
Es geht auch nicht darum, nicht Letzter zu werden.
Sondern es geht darum, sagen Sportler,
dass man seinen eigenen Lauf läuft, sein eigenes Match spielt,
seinen eigenen Wettbewerb kämpft.
Letztlich kämpft man immer mit sich selbst.
Als ob Paulus das genauso gesehen hat.
Er schreibt im 1. Korintherbrief, Kapitel 9:

Evangelium | *Matthäus 20,1–16a*

»Wer arbeitet, soll mehr Geld in der Tasche haben als der,
der nicht arbeitet.«
Soziale Gerechtigkeit hat ihre feste Logik,
ihre festen Maßstäbe bei uns.
Und nach diesen Maßstäben vergleichen wir uns untereinander,
danach suchen wir uns unseren Platz.
Aber wer ist der bessere Christ?
Wer steht im Himmel ganz vorne?
Die ganz Fleißigen?
Die Gelassenen?
Die ganz Frommen?
Irdische Maßstäbe gelten nicht bei Matthäus im 20. Kapitel.

Hinweise zur Liturgie

Liturgische Farbe: grün. Das Halleluja entfällt.
Psalm 31,20–25 (Eine Textübertragung zum Psalm siehe:
Hanns Dieter Hüsch/ Uwe Seidel, Psalmen für Alletage, S.43).

Ralf Drewes

2. Sonntag vor der Passionszeit   *Sexagesimae*

Der Name des Sonntags bedeutet: »Sechzig Tage« (vor Ostern). Das ist noch eine ungenaue Angabe, erst am nächsten Sonntag, Estomihi oder Quinquagesimae = »Fünfzig Tage« (vor Ostern) stimmt die Rechnung. Warum zählen wir die Tage bis Ostern? Das größte Fest der Christenheit wirft sein Licht weit voraus.

Am vorigen Sonntag und am kommenden Sonntag geht es um die Kraft, die wir um Jesu willen einsetzen sollen. Heute hören wir von der Kraft, die von Gottes Wort zur Welt kommt.

Wochenspruch

Heute, wenn ihr seine Stimme hören werdet,
so verstockt eure Herzen nicht. Hebräer 3,15

Lesung aus dem Alten Testament | *Jesaja 55,(6–9)10–12a*

Was die Pflanzen auf den Feldern stark macht,
ist Regen, Schnee und Sonnenschein.
So wirkt auch Gottes Wort.
Es fällt uns zu – vom Himmel in die Herzen.
Lesung aus dem Propheten Jesaja, Kapitel 55.

Epistel | *Hebräer 4,12–13*

Was stark ist, kann nicht harmlos sein.
Gottes Wort ist stark
und nicht harmlos.
Die Epistel steht im Brief an die Hebräer im 4. Kapitel.

Evangelium | *Lukas 8,4–8(9–15)*

Gottes Wort ist wie ein Same.
Wenn er wachsen, blühen und reifen soll,
muss er auf guten Boden fallen.
Gott ist wie einer, der sät.
Er sät auf jeden Boden.
Er sät in unser Leben.
Das Evangelium nach Lukas im 8. Kapitel.

Hinweise zur Liturgie

Liturgische Farbe: grün. Das Halleluja entfällt.
Psalm 119,89–91.105.116.

Peter von Baggo

Sonntag vor der Passionszeit *Estomihi*

Die Zeit des Feierns geht zuende. Nach Karneval und Fasching beginnt in dieser Woche die Passionszeit und das Fasten. Der Spruch des Tages ist ein Wort Jesu. Er selbst nimmt den Weg in den Blick, der vor ihm liegt. Es ist der Weg der Liebe, die auch vor Leiden und Tod nicht Halt macht.

Der Sonntag Estomihi (aus Psalm 31: »Sei mir [ein starker Fels]« wurde früher manchmal »Quinquagesimae« genannt (50 Tage vor Ostern). Das Thema dieses Sonntags ist die Liebe. Es hält die drei Lesungen zusammen.

Wochenspruch

Seht, wir gehen hinauf nach Jerusalem,
und es wird alles vollendet werden,
was geschrieben ist durch die Propheten
von dem Menschensohn. Lukas 18,31

Lesung aus dem Alten Testament | *Amos 5,21–24*

Unserm Gott ist nicht gleichgültig, wie wir uns verhalten.
Seine Menschenliebe lässt ihn manchmal sogar zornig werden.
Er will nicht, dass wir zur Schau stellen, wie fromm wir sind,
sondern dass wir gerecht handeln und uns mit Liebe begegnen.
Amos, der Prophet, findet klare Worte.
Wir lesen sie im 5. Kapitel.

Epistel | *1. Korinther 13,1–13*

»All You Need Is Love« haben die Beatles gesungen.
Lange vor ihnen hat Paulus ein Loblied auf die Liebe geschrieben.
Alles, was wir brauchen, ist die Liebe, sagt auch er.
Denn erst durch die Liebe bekommt alles,
was ich tue, rede und denke, einen Wert.
Erst durch die Liebe kommen wir überhaupt mit Gott in Verbindung.
Ohne die Liebe aber ist alles nichts.
Hören wir eines der bekanntesten Liebesgedichte der Welt.
Es steht im 1. Korintherbrief, Kapitel 13.

Evangelium | *Markus 8,31–38*

Jesus weiß, was auf ihn zu kommt.
Er schreckt nicht zurück vor Leid und Tod,
sondern geht seinen Weg bis zum bitteren Ende.
Es ist der Weg der Liebe.
Weil er weiß, dass dieser Weg am Ende ins Licht führt,
ruft er uns auf, ihm nachzufolgen.
Davon erzählt das Evangelium für den heutigen Sonntag
bei Markus im 8. Kapitel.

Hinweise zur Liturgie

Liturgische Farbe: grün. Das Halleluja entfällt.
Psalm 31,2–6 (Eine Textübertragung zum Psalm siehe:
Hanns Dieter Hüsch / Uwe Seidel, Psalmen für Alletage, S. 43) –
und: »Ich setze auf die Liebe« (ebd., S. 132 f).

Torsten Kröncke

1. Sonntag der Passionszeit *Invokavit*

Die Passionszeit beginnt (Passion bedeutet Leidenschaft, Hingabe). 40 Tage dauert sie – wie die Wüsten-Zeit Jesu in der Versuchungsgeschichte. Wer genau nachrechnet, kommt allerdings auf 46 Tage. Die Zahl 40 ergibt sich, weil die Sonntage nicht mitgezählt werden. Denn sie sind von Ostern her geprägt (jeder Sonntag ist ein Auferstehungsfest).

Für viele beginnt eine Zeit des Fastens und des Verzichts: »7 Wochen ohne« (Internet: www.7-wochen-ohne.de). Die Passion Jesu bestimmt die Vorbereitungszeit auf Ostern, die mit dem Aschermittwoch beginnt (siehe dazu die »Hinweise zur Liturgie«).

Die Versuchung ist das Thema des Sonntags zum Beginn der Passionszeit. An der Schwelle zu 40 Tagen Schweigen, Still werden, Beten und Fasten wird die Gemeinde wachsam. Invokavit: »Er ruft mich an« (Psalm 91). Aufmerksam werden für die Verlockungen, den bequemen Weg zu gehen. Den Diabolos, den »Durcheinanderwerfer« erkennen. Die Texte sind auffallend konzentriert auf das eine Thema. – Christus bringt Klarheit in die Verwirrung, die der Teufel bringt. Schon der Wochenspruch eröffnet den Gedanken.

Stichworte: Wachsam sein, unabhängig und selbstbewusst, seinen Weg gehen.

Wochenspruch

Dazu ist erschienen der Sohn Gottes,
dass er die Werke des Teufels zerstöre. 1. Johannes 3,8b

Lesung aus dem Alten Testament | *1. Mose 3,1–19(20–24)*

Unabhängig von allem und jedem sein.
Alles erkennen, verstehen und durchschauen.
Sein wie Gott.
Ein paradiesischer Traum.
Adam und Eva träumen und lassen sich verlocken.
Die erste Versuchung der Menschen.
Wir hören die große Geschichte von den beiden im Paradies.
Im 1. Buch Mose, in Kapitel 3, steht sie.

Epistel-Lesung | *Hebräer 4,14–16*

Christus ist nicht fern.
Er hat die Welt bis in allen Tiefen erlebt.
Er wurde versucht.
Er leidet mit uns.
In den Bildern des Alten Testaments tröstet der Brief an die Hebräer
die Gemeinde. Im 4. Kapitel steht:

Evangelium | *Matthäus 4,1–11*

Mach was, sagt der Teufel zu Jesus.
Von Machen kommt Macht.
Bevor Jesus nach seiner Taufe seinen Weg geht,
predigt und heilt,
muss er sich der Versuchung zur Macht mit Liebe widersetzen.
Matthäus erzählt davon im 4. Kapitel seines Evangeliums.

Hinweise zur Liturgie

Wenn im Gottesdienst Abendmahl gefeiert wird:
Iss, sagt die Versuchung im Paradies – und trennt von Gott. »Nimm hin und iss«
heißt es im Abendmahl – das schafft Verbundenheit mit Gott und miteinander.

Um zeichenhaft den Auftakt der Passionszeit zu kennzeichnen, würde eine Neu-
belebung der Aschermittwochstradition (in unserer evangelischen Kirche) helfen.
Der Name des Tages bewahrt den alten Plural »Ascher« – Asche, die als Zeichen
der Vergänglichkeit und der Buße aufs Haupt gestreut bzw. auf die Stirn (in Form
eines Kreuzes) gestrichen wird. Ein Liturgievorschlag ist zu finden in: sinfonia
oecumenica, S. 682 ff. Einen Aschermittwochspsalm siehe: Hanns Dieter Hüsch /
Uwe Seidel, Psalmen für Alletage, S. 34.

Liturgische Farbe: violett. Halleluja und »Ehre sei Gott in der Höhe« entfallen
(sowohl Invokavit als auch am Aschermittwoch).
Psalm 91,1–4.11–12.

Heinz Behrends

2. Sonntag der Passionszeit Reminiszere

Der Name des Sonntags ist zugleich sein Programm: »Gedenke« (Leitvers: Psalm 25,6). So erinnern die Texte des Tages an die Spannungen zwischen Gottes Anfangen und menschlichem Abwenden. Im Kern dieser Spannung erinnert der Spruch der Woche daran, dass Gott seine Liebe da beteuert, wo Menschen ihm – als Sünder – unendlich fern bleiben. So lässt sich die Aufforderung zur Erinnerung in doppelter Anrede begreifen: Gedenke, Mensch, deines Anfangs in Gott und kehre zurück; gedenke, Gott, deiner Barmherzigkeit, wie sie war zur Zeit Jesajas, zur Zeit Jesu, zur Zeit Paulus', zu meiner Zeit – so die »Reminiszenzen« dieses Tages. Übrigens wurde 1922 vom Reichspräsidenten dazu aufgerufen, am Sonntag Reminiszere den Volkstrauertag zu begehen. Erst nach dem 2. Weltkrieg wurde dieses Gedenken dem Ende des Kirchenjahres zugeordnet.

Menschen, die den Weg der Passionszeit mitgehen, werden an diesem Tag hineingenommen in die Bewegung des Rückbesinnens auf den eigenen Anfang mit Gott, auf die eigene Untreue zu ihm – und auf Gottes Anfang mit uns. Sein Ringen wird sichtbar in seinem Zorn. Seine Barmherzigkeit wird sichtbar in immer neuer Liebe.

Mögliches Thema: Der Weg der Umkehr: an alte Treue erinnern und (so) neu Liebe(n) lernen.

Wochenspruch

Gott erweist seine Liebe zu uns darin,
dass Christus für uns gestorben ist,
als wir noch Sünder waren. Römer 5,8

Lesung aus dem Alten Testament | *Jesaja 5,1–7*

Liebende singen gerne Lieder, Liebeslieder.
Enttäuschte Liebhaber singen bisweilen auch.
Sie singen Lieder, die angefüllt sind mit Wut und Zorn.
Es bleiben Liebeslieder. Sie wollen zurückrufen.
Sie fragen: Weißt du nicht mehr, wie es war, am Anfang?

Der Prophet Jesaja überliefert uns so ein Lied.
Gott ruft sein geliebtes Volk Israel.
Indem er ein zorniges Liebeslied singen lässt.
Das von anfänglicher Liebe erzählt
und von dem, was daraus wurde.
Hören wir dieses Lied,
wie es aufgeschrieben ist bei Jesaja im 5. Kapitel:

Epistel | *Römer 5,1–5(6–11)*

Wie alles angefangen hat –
manchmal tut das gut, sich daran zu erinnern.
Erst recht, wenn die Zeiten schwierig sind.
Wie es mit Gott und mit mir angefangen hat,
daran erinnert Paulus.
Glaube beginnt nicht mit dem, was ich kann oder leiste,
sondern mit dem, was ich bin:
Ich bin Gott recht.
Selbst in schwerer Zeit kann ich daraus Hoffnung schöpfen.
Hören wir Worte aus dem 5. Kapitel des Römerbriefes:

Evangelium | *Markus 12,1–12*

Es ist eine mörderische Geschichte, die Jesus erzählt.
Ein Gleichnis von Untreue und Verweigerung
bis zum bitteren Ende.
Manchmal braucht es solche Geschichten,
um wach zu rütteln.
Sieh doch, wo das endet, wenn einer zuschlägt.
Sieh, was daraus wird, wenn der Mensch sich selbst zum Maß
aller Dinge macht.
So fast – meint man – schreit es uns entgegen
aus jenen Worten, die bei Markus im 12. Kapitel aufgeschrieben sind:

Hinweise zur Liturgie

Reminiszere könnte ein Tag für die Gemeindechronik sein. Für die Erinnerung an den Anfang vor Ort und an Gottes Weg mit der Gemeinde seitdem. Dabei könnte auch Raum für gemeinsames Erinnern an schwere, an ruhmlose Zeiten eröffnet werden. Vielleicht könnte dabei des viel zu oft antijüdischen Umgangs mit Markus 12,1–12 gedacht werden. Gerade das schwere Gedenken wird von Gottes Zusage umfangen, von seiner Liebe gefordert und durch seine Gnade (sein Erinnern) möglich.

Liturgische Farbe: violett. Halleluja und »Ehre sei Gott in der Höhe« entfallen.
Psalm 10,4.11–14.17–18.

Christian Stäblein

3. Sonntag der Passionszeit *Okuli*

Am dritten Sonntag der Passionszeit, an dem seit alters her die sogenannten Skrutinien, die Stärkungsriten für die Taufbewerber, begannen, wird in den Weg der Nachfolge eingewiesen. Dieser Weg hat seinen Preis in doppeltem Sinne: Vorausgesagt werden im Wortsinne Rücksichtslosigkeit, Verzicht, Hingabe und in all dem unwirtliche, wüste Etappen. Verheißen und gepriesen werden darin und daraus Stärkung, Erleuchtung, Nähe des kommenden Reiches. Und in all dem zarte Worte des Zuspruchs.

In evangelischer Logik zusammengebunden werden die beiden Aspekte im Namen (Okuli – Psalm 25,15: »Meine Augen sehen stets auf den Herrn; denn er wird meinen Fuß aus dem Netze ziehen«) sowie im Wochenspruch. Es ist Gott, dessen rettendes Handeln meinen Blick bannt. Ihn im Visier wird die Furche meines (Lebens-)Pfluges gerade.

Alltägliche Bindungen preisgebende Konzentration auf Gottes Zusagen bestimmt diese Zeit unter anderem da, wo sich Menschen oder Gruppen auf »sieben Wochen ohne« verständigt haben, um aus dem Verzicht heraus Gottes Fülle neu zu erleben. Dazu gehört seit je her liturgisch der zugeklappte Altar. Gotteskindschaft und Nachfolge haben ihren Preis, dafür preist dieser Sonntag Gott.

Mögliches Thema: Der Preis der Nachfolge: wüste Wege, zarte Worte, kräftig(end)e Weisung

Wochenspruch

Wer seine Hand an den Pflug legt und sieht zurück,
der ist nicht geschickt für das Reich Gottes. Lukas 9,62

Lesung aus dem Alten Testament | *1. Könige 19,1–8(9–13a)*

Alles gewonnen, zugleich alles verloren.
Öfter als mir lieb ist, liegt das eng beieinander.
Wird auch der zum Verlierer, der für Gottes Recht gestritten hat?
Elia hat im Namen Gottes erbarmungslos
gegen falsche Propheten gekämpft.
Nun wird ihm bewusst,
dass damit sein eigener Untergang besiegelt scheint.
Was ihm bleibt, ist der Weg in die Wüste.
Wie zärtlich ihm Gott dort begegnet,
erzählt das 1. Buch der Könige im 19. Kapitel.

Epistel | *Epheser 5,1–8a*

Sich auf das zu besinnen, was sich eigentlich von selbst versteht,
tut manchmal gut.
Wie das ist, von Gott geliebt zu werden. Und was daraus folgt.
Wie handele ich als Christin, als Christ?
Woran erkenne ich einen Menschen, der sich zu Gott bekennt?
Im Epheserbrief ist dazu ein Katalog von Weisungen entstanden:
Beispiele für die geliebten Kinder Gottes, aufgeschrieben im 5. Kapitel.

Evangelium | *Lukas 9,57–62*

Die Zeit drängt
für Jesus und seine Jünger.
Darum gibt es kein Zögern und kein Zurück.
Was allein zählt, ist der Blick nach vorn.
Berichtet wird davon bei Lukas im 9. Kapitel.

Hinweise zur Liturgie

Liturgische Farbe: violett.
Halleluja und »Ehre sei Gott in der Höhe« entfallen.
Psalm 34,16–23.

Christian Stäblein

4. Sonntag der Passionszeit *Lätare*

Freude, die dem Leiden (nach-)folgt – in diesem Sinne charakterisiert das wort-wörtliche (Lätare =) »Freuet euch« (aus dem Eingangspsalm) die überraschende Mitte der Passionszeit. Lätare wird darum auch »Klein-Ostern« genannt. Diese besondere »Farbe« auf dem Kreuzweg unterstreicht auch das mögliche Rosa der liturgischen Tradition und die vatikanische Gestaltung als »Rosensonntag«. An diesem Sonntag werden Menschen, die für Leben aus Passion stehen (Vor-Bilder wider die Resignation), mit einer goldenen Rose geehrt – oder besser »getröstet« (Das ist wie ein diakonisches Echo auf die Geschichte der Elisabeth von Thüringen in dem Lied: »Wenn das Brot, das wir teilen, als Rose blüht«).

Lätare – Atempause auf dem Weg nach Golgatha, Vorahnung der Auferstehung – erinnert zugleich unverändert: der Weg ist klar, vom Korn zum Brot, vom Tod zum Leben, das ist mehr als ein Grund zur Freude. Die Freude wird auch das letzte Wort behalten, gerade da, wo wir es am wenigsten erwarten.

Wochenspruch

Wenn das Weizenkorn nicht in die Erde fällt und erstirbt,
bleibt es allein;
wenn es aber erstirbt, bringt es viel Frucht. Johannes 12,24

Lesung aus dem Alten Testament | *Jesaja 54,7–10*

Manchmal reicht ein einziger Augenblick,
und wir fühlen uns allein und verlassen.
Manchmal reicht ein einziger Augenblick,
und wir können uns nicht mehr ins Gesicht sehen.
Und doch gilt: Gott spricht uns an,
will unser Leben verwandeln,
Gott steht unverbrüchlich zu uns.
Im Buch des Propheten Jesaja
werden wir im 54. Kapitel daran erinnert.

Epistel | *2. Korinther 1,3–7*

Manchmal reicht ein einziger Augenblick,
und wir sind getröstet,
manchmal reicht ein einziger Augenblick,
und wir können trösten.
Daran erinnert Paulus am Anfang des 2. Korintherbriefes.

Evangelium | *Johannes 12,20–26*

Wer kann das nicht verstehen?
Einmal, nur einmal
für sein Leben gern »Jesus sehen«,
sich einmal mit ihm zusammensetzen und austauschen?
Das wäre ein Fest.

Wer möchte aber dann solche Worte hören:
Worte des Todes, wie sie hier festgehalten sind –
zwischen dem Einzug Jesu in Jerusalem und seiner Fußwaschung?
Johannes mutet sie uns zu.
Wir hören aus Kapitel 12 seines Evangeliums:

Hinweise zur Liturgie

*Eine Liedpredigt zu »Korn, das in die Erde fällt« (EG 98) bei Margot Käßmann,
Kirche in gesellschaftlichen Konflikten, S. 177 ff – oder zu »Jesu, meine Freude«
(EG 396) mit der alternativen Textübertragung von Gerhard Schöne (gemeinsam
unterwegs. Lieder und Texte zur Ökumene. Ökumenischer Kirchentag Berlin 2003,
Nr. 105). In »Mehr als Worte sagt ein Lied« (Hgg. Hartmut Handt und Armin
Jetter) gibt es Liedandachten zu den Sonn- und Festtagen des Kirchenjahres.*

*Lätare sprichwörtlich verdichtet und verfremdet: »Geteiltes Leid ist halbes Leid«
und »Geteilte Freude ist doppelte Freude«.*

*Liturgische Farbe: violett. Halleluja und »Ehre sei Gott in der Höhe« entfallen.
Psalm 84,6–13.*

Günter Ruddat

5. Sonntag der Passionszeit   *Judika*

»Gott, schaffe mir Recht ... und errette mich«, so beginnt der 43. Psalm, nach dem der 5. Sonntag der Passionszeit benannt ist.

Auf dem Weg nach Jerusalem, zur Passion Jesu, geht es um Recht und Rettung. Doch die Lesungstexte stellen sich quer zur menschlichen Sehnsucht, Recht zu bekommen. Hier geht es um Dienen statt Herrschen, Leiden statt Herrlichkeit, Ohnmacht statt Macht.

Mögliches Thema: »Gottes Rettung ist anders.« – Das zeigt eindrucksvoll schon die Geschichte von Isaaks Opferung, die möglicherweise daran erinnert, dass einst das Menschenopfer durch das Tieropfer abgelöst wurde.

Wochenspruch

Der Menschensohn ist nicht gekommen,
um sich dienen zu lassen,
sondern um zu dienen
und sein Leben zur Erlösung für viele zu geben. Matthäus 20,28

Lesung aus dem Alten Testament | *1. Mose 22,1–13*

Manchmal ist der Schmerz so groß,
dass Gott unendlich fremd wird.
Manchmal rückt Gottes Liebe in weite Ferne.

Auch Abraham hat erlebt:
Gott fordert Ungeheuerliches.
Gott fordert Abrahams einzigen Sohn.
Abraham steht unter Schock.
Doch das Rätsel löst sich:
Kein Mensch darf geopfert werden.
Davon erzählt das 1. Buch Mose im 22. Kapitel.

Epistel | *Hebräer 5,7–9*

Leid macht einsam,
und im Schmerz fühlt man sich manchmal
rettungslos verloren.
Doch einer ist da, der retten kann:
Weil Jesus litt, wie nur ein Mensch leiden kann,
ist Gott uns nahe im Leid.
Das entfaltet der Verfasser des Hebräerbriefes im 5. Kapitel.

Evangelium | *Markus 10,35–45*

Wie zahlt Glaube sich aus?
Wird die Mühsal eines rechtschaffenen Lebens belohnt?
Wird Gott uns einst wirklich nahe sein?

Jakobus und Johannes wünschen sich
in die Nähe von Jesus, ihrem Herrn.
Aber sie müssen erkennen,
dass sich bei Gott die Verhältnisse umkehren.
Wir hören das Evangelium von Markus im 10. Kapitel:

Hinweise zur Liturgie

Die Epistellesung sollte um der Verständlichkeit willen in der Übersetzung der Guten Nachricht gelesen werden.

Liturgische Farbe: violett. Halleluja und »Ehre sei Gott in der Höhe« entfallen. Psalm 43.

Susanne Bostelmann

6. Sonntag der Passionszeit   *Palmsonntag*

Der Palmsonntag ist liturgiegeschichtlich geprägt durch die Erzählung vom Einzug Jesu in Jerusalem. Vom Kirchenjahr her gedacht hat er selbst den Charakter eines Einzuges. Als letzter Passionssonntag ist er Auftakt zur Karwoche, an dessen Ende der Anfang steht: Ostern. Damit führt er hinein in das Verständnis von Passion und Ostern als untrennbar zusammengehörender Einheit. Gott gibt sich als Gott zu erkennen: im königlichen Armen, im ohnmächtigen Bevollmächtigten, im erhöhten Gekreuzigten. Christus, Menschensohn, ist das Tor, durch das Gott zu uns kommt. Die Frage ist, ob wir ihn erkennen.

Mögliches Thema: Sich erinnern lassen an die unerwartete Gestalt der Gegenwart Gottes.

Wochenspruch

Der Menschensohn muss erhöht werden,
damit alle, die an ihn glauben, das ewige Leben haben. Johannes 3,14b.15

Lesung aus dem Alten Testament | *Jesaja 50,4–9*

Nicht immer ist alles gut.
Manchmal fühlen wir uns allein.
Im Stich gelassen. Nicht verstanden. Ungerecht behandelt.
Können nur noch klagen und jammern.
Dann hilft es, sich an das zu erinnern, was trägt.
So wie es der Prophet Jesaja tut –
im 50. Kapitel:

Epistel | *Philipper 2,5–11*

Wenn wir etwas sehr Bewegendes erlebt haben,
können wir nicht gleich darüber reden.
Wir brauchen Abstand.
Manchmal formt sich erst im Nachhinein ein Ganzes.
So entstehen Geschichten, Gedichte oder Bilder.
Gut, sich später davon erinnern zu lassen.

Paulus erinnert sich an ein Lied.
Aus dem Gefängnis heraus schreibt er an die Gemeinde in Philippi.
Er ringt um Worte, will trösten und ermutigen,
will von Christus reden.
Da fällt ihm dieses Lied ein.
Es ist aufgeschrieben im 2. Kapitel.
Eine der ältesten christlichen Hymnen,
ein Lobgesang.

Evangelium | *Johannes 12,12–19*

Es gibt Situationen, da verstehen wir einfach nicht, was passiert.
Erst später geht uns ein Licht auf.
Dann fallen uns Worte ein, wir erinnern uns an Begebenheiten,
und was wir vorher nicht zu deuten wussten,
bekommt plötzlich einen Sinn.
So beschreibt der Evangelist Johannes die Jünger.
Sie können zunächst nicht verstehen, was das bedeutet,
als Jesus auf einem Eselsfüllen in Jerusalem einzieht.
Erst später begreifen sie.
So heißt es bei Johannes 12,12–19:

Hinweise zur Liturgie

Liturgische Farbe: violett. Vom Palmsonntag bis Karsamstag entfallen »Ehre sei dem Vater«, »Halleluja« und »Ehre sei Gott in der Höhe« (außer Gründonnerstag). Psalm 69,2–4.8–10.21b–22.30. Ein Palmsonntagspsalm ist zu finden bei: Hanns Dieter Hüsch / Uwe Seidel, Psalmen für Alletage, S. 39).

Für die Karwoche gibt es zahlreiche Liturgievorschläge, u.a. ein in jedem Jahr neu entwickelter »Ökumenischer Kreuzweg der Jugend« (Jugendhaus Düsseldorf – exemplarisch in: sinfonia oecumenica, S. 696 ff). Kreuzwege versuchen, den Leidensweg Jesu ans Kreuz nachzugehen und ihn mit aktuellen Leidenssituationen zu verbinden (siehe z. B. den eindrucksvollen »Kreuzweg mit allen Sinnen« in sinfonia oecumenica, S. 716 ff).

Birgit Klostermeier

Gründonnerstag

Tag der Einsetzung des Heiligen Abendmahls

Mit dem Palmsonntag beginnt die Karwoche (»kar« – von mittelhochdeutsch: Trauer, Kummer, Klage). Seit dem vierten Jahrhundert versuchen Christen, dem Geheimnis dieser zentralen Dimension der Heilsgeschichte, der Christusgeschichte nachzugehen. Im Mittelpunkt der Karwoche stehen die »Triduum sacrum« – die Heiligen Drei Tage, die Leiden, Tod und Auferstehung Jesu nachzuvollziehen suchen. Der Gründonnerstag (grün von »gronan«: weinen) wird als abendlicher Auftakt zu diesen Tagen gerechnet.

Das letzte Abendmahl Jesu war möglicherweise ein Sedermahl am Vorabend des Passah (zumindest nahm es Elemente aus dieser Tradition auf). So sind Epistel und alttestamentliche Lesung dieses Abendgottesdienstes thematisch miteinander verbunden. Die Lammsymbolik im Abendmahl hat hier ihre Wurzeln, wird aber neu gedeutet.

Nicht in diesen Zusammenhang passt das Evangelium von der Fußwaschung. Der Evangelist Johannes hat an dieser Stelle das Abendmahl nicht erwähnt, sondern stattdessen von der Fußwaschung am Vorabend der Kreuzigung berichtet. In diesem Sinne wurde die Evangeliums-Lesung dem Gründonnerstag zugeordnet.

Beiden Ereignissen gemeinsam ist der Gedanke, dass wir uns angesichts aller Schuld die Erlösung von Gott nur schenken lassen können.

Wort des Tages

*Er hat ein Gedächtnis gestiftet seiner Wunder,
der gnädige und barmherzige Herr. Psalm 111,4*

Lesung aus dem Alten Testament

| *2. Mose 12,1.3–4.6–7.11–14*

Warum ist diese Nacht anders als alle anderen?
So darf das jüngste Kind einer jüdischen Familie fragen –
am Vorabend des Passahfestes beim gemeinsamen Mahl.
Das ist so bis heute,
und die Älteren erzählen dann die Geschichte,
die wir gleich hören werden.
Sie halten die Erinnerung lebendig,
wie Gott das Volk Israel aus der Sklaverei befreit hat.
Vor dem Auszug aus Ägypten gab es ein Mahl –
mitten in der Nacht.
Ein Schutzraum, wenn auch nur für kurze Zeit.
Und dann führte der Weg in die Freiheit – ungeschützt.
Dieses Ereignis ist aufgeschrieben im 2. Buch Mose im 12. Kapitel.

Epistel | *1. Korinther 11,23–26*

Auch wir halten in dieser Nacht eine Erinnerung wach.
Tut dies zu meinem Gedächtnis – so hat Jesus gesagt,
als er an seinem letzten Abend mit seinen Jüngern
das Abendmahl feierte.
Es war nicht der Abend vor dem Aufbruch in die Freiheit,
sondern der Abend vor seiner Gefangennahme und seinem Tod.
Aber genau das ist für uns der Weg in die Freiheit.
Der Apostel Paulus erinnert uns im ersten Brief an die Korinther,
Kapitel 11, an diesen letzten Abend mit Jesus.

Evangelium | *Johannes 13,1–15(34–35)*

Möchten Sie, dass Ihnen jemand die Füße wäscht?
Bei uns ist das nicht Brauch, und es würde uns wohl irritieren.
Anders war es damals, als Jesus lebte.
Mit dem Waschen der Füße hieß man Gäste willkommen
und tat ihnen etwas Gutes,
aber es war ein Dienst, den nur Untergebene zu tun hatten:
Sklaven, Frauen, Kinder.
Auch wenn die Jünger diesen Brauch kannten,
war vermutlich nicht nur Petrus irritiert, als Jesus das tat.
Trotzdem haben sie es geschehen lassen können und gemerkt:
Von Gott kann man sich alles nur schenken lassen.
Wir hören aus dem 13. Kapitel des Johannesevangeliums.

Hinweise zur Liturgie

*Es bietet sich an, an diesem Abend die Elemente der jüdischen Sedertradition im
Abendmahl lebendig werden zu lassen. Nicht nur Brotsegen und Weinsegen sind
wichtig für das Verständnis der Einsetzungsworte, sondern auch die sieben symbo-
lischen Speisen des Sedertellers (Bitterkraut u.ä.) ermöglichen eine sogar leibliche
Erinnerung an das Ereignis der Befreiung aus der Sklaverei in Ägypten. Siehe dazu:
»Miriams Schwestern jubeln«, Gründonnerstag in feministisch-jüdischer Tradition,
in: Sinfonia oecumenica, Feiern mit den Kirchen der Welt, Gütersloh 1998, S. 734 ff.
Dort werden auch verschiedene Kreuzweg-Meditationen entfaltet.*

*Liturgische Farbe: weiß. Es entfallen »Ehre sei dem Vater« und »Halleluja«,
aber es wird gesungen: »Ehre sei Gott in der Höhe«.
Psalm 111.*

Christine Tergau-Harms

Karfreitag   *Tag der Kreuzigung*

*Der Karfreitag gilt traditionell als höchster Feiertag der evangelischen Christen-
heit. Zugleich wird er heute als eher sperriger Feiertag wahrgenommen, dessen
Botschaft und Texte sich nur schwer dem heutigen Empfinden erschließen.
Protestantische Passionsfrömmigkeit gibt es kaum noch; selbst fundamentale
Kenntnisse über die Bedeutung des Karfreitags sind rar. Das »Wort vom Kreuz«
(1. Korinther 1,18) aber bleibt der Kern des Evangeliums. Die Predigt hat (nicht
nur) an diesem Tag eine besondere Aufgabe.*

*Der Karfreitag gehört in den Zusammenhang der »Heiligen Woche« zu den
drei besonders geprägten Tagen (Triduum sacrum – siehe Einleitung zum
Gründonnerstag).*

Spruch des Tages

*Also hat Gott die Welt geliebt,
dass er seinen eingeborenen Sohn gab,
damit alle, die an ihn glauben,
nicht verloren werden,
sondern das ewige Leben haben. Johannes 3,16*

Lesung aus dem Alten Testament
| *Jesaja 52,(13–15); 53,1–12*

Im Buch des Propheten Jesaja
ist von einem leidenden Knecht Gottes die Rede.
Er wird mit Leiden überhäuft;
so trägt er die Schuld der Menschen
und erwirkt Gerechtigkeit für sie.
Die frühe Christenheit hat im Licht dieses alttestamentlichen Wortes
den Kreuzestod Jesu gedeutet:
Jesus ist der leidende Gottesknecht, der für uns leidet und stirbt.
»Durch seine Wunden sind wir geheilt.«
Die alttestamentliche Lesung steht beim Propheten Jesaja im
(52. und) 53. Kapitel.

Epistel | *2. Korinther 5,(14b–18)19–21*

Warum musste Christus sterben?
Welche Bedeutung hat sein Kreuz?
In der Epistel gibt der Apostel Paulus eine Deutung:
Gott schenkt durch das Kreuz Versöhnung
und damit eine neue Grundlage unserer Existenz.
So sind alle Menschen zu einem Leben aus der Versöhnung
mit Gott eingeladen.
Wir hören Worte aus dem 5. Kapitel des 2. Briefes des Paulus
an die Korinther.

Evangelium | *Johannes 19,16–30*

Im Evangelium hören wir den Bericht über die Kreuzigung Jesu,
wie er im Johannesevangelium aufgeschrieben ist.
Jesus ist zum Tod verurteilt worden wegen des Vorwurfs,
er habe »sich selbst zu Gottes Sohn gemacht«.
Nun übergibt ihn der römische Statthalter Pilatus
zur Vollstreckung der Strafe.
Hören wir den Bericht aus dem 19. Kapitel des Johannesevangeliums:

Hinweise zur Liturgie

Siehe Ev. Gottesdienstbuch, S. 177 ff (dort ist eine spezielle Liturgie für den Karfreitag vorgeschlagen) sowie die Hinweise S. 699.

Liturgische Farbe: schwarz oder violett (oder es wird auf jede Farbe – und allen Altarschmuck incl. Kerzen – verzichtet). Es entfallen »Ehre sei dem Vater«, »Halleluja« und »Ehre sei Gott in der Höhe«.
Psalm 22,2–6.12(51–54).

Am Karsamstag wird der Grabesruhe Jesu gedacht.
Ein faszinierender Text für eine Andacht: Ezechiel 37,1–14.

Hans Christian Brandy

Osternacht

Ein Gottesdienst an der Schwelle zum Licht. Noch ist es dunkel in der Welt, dunkel in den Herzen derer, die trauern. Jesus Christus hat die Menschen, die ihn liebten und brauchten, verlassen. Durch Angst und Leere hindurch fragen sie sich: Worauf können wir uns in Zukunft verlassen? Erste Ahnungen von neuem Licht und Lebensmut machen die Runde.

Ostern ist das älteste christliche Jahresfest. Es hat im Unterschied zu Weihnachten keinen festen Termin, sondern wird in Anlehnung an das jüdische Passahfest um den 14. Nisan (am Sonntag nach dem ersten Frühlingsvollmond) gefeiert. An das Osterfest schließt sich eine fünfzigtägige Freudenzeit an, die mit Pfingsten (pentekostae = fünfzig) beschlossen wird. Der Gottesdienst in der Osternacht ist in der frühen Kirche der bedeutsamste des ganzen Jahres.

Wort der Nacht

Christus spricht:
Ich war tot,
und siehe, ich bin lebendig
von Ewigkeit zu Ewigkeit
und habe die Schlüssel des Todes und der Hölle. Offenbarung 1,18

Lesung aus dem Alten Testament

| *Jesaja 26,13–14(15–18)19*

An der Schwelle vom Tod zum Leben – eine Erinnerung an alte Zeiten,
als kein Ende der Finsternis in Sicht war. Todes-Herren regierten.
Gott sei Dank gab es auch damals noch andere Erfahrungen:

mit dem, der mit seinen Händen und seinem Atem alles ans Licht
gebracht hat, was sich bewegt, was blüht und sich wandelt.
Wer das Leben geschaffen hat,
der wird dem Tod und der Finsternis nicht die Herrschaft überlassen.
So können Lebens-Bilder die Wirklichkeit prägen
im Jesajabuch – im 26. Kapitel:

Epistel | *Kolosserbrief 3,1–4*

Wir Menschen haben die Aufgabe,
unser Leben auf der Erde mit allen Begrenzungen und
Herausforderungen anzunehmen und zu bestehen.

Dabei hilft das Vertrauen in Gott,
der Jesus Christus zu uns geschickt hat,
um uns gerade an unseren Grenzen zu trösten
und zu verwandeln.
Hören wir die Epistel für die heutige Osternacht
aus dem Kolosserbrief im 3. Kapitel.

Evangelium | *Matthäus 28,1–10*

Wer einem Engel hautnah begegnet, verwandelt sich.
Zunächst ist das zum Fürchten, weil es die alltäglichen Erfahrungen
und manchmal sogar die Hoffnung übersteigt.
Dann kommt Freude auf,
weil die Schwere der Trauer sanft hinweggetragen wird.
Und dann muss diese Freude unbedingt weitererzählt werden.

Die Frauen fingen an, den Glanz, den sie sahen,
an andere zu verschenken.
So erzählt es der Evangelist Matthäus im 28. Kapitel.

Hinweise zur Liturgie

Über Nacht

Die Tränen geweint
die Schmerzen gesagt
die Wunden gesehen
der Kopf leer und müde

jetzt heißt es schlafen und warten
auf nichts
manchmal
nur manchmal warum nur
kann Gott das Blatt wenden
über Nacht

in: Carola Moosbach, Himmelsspuren, Neukirchener Verlagshaus 2001

Siehe auch den entfalteten Gottesdienstentwurf »... dass das Leben siegt« –
Osternacht, in: Fritz Baltruweit / Mechthild Werner, Begleitet durch Jahr und Tag.

Liturgische Farbe: weiß.
Psalm 118,14–24.

Christine Behler

Ostersonntag *Tag der Auferstehung*

Weihnachten ist das bekannteste, Ostern das wichtigste Fest der Christenheit. Ohne die Begegnung der Jüngerinnen und Jünger Jesu mit dem Auferstandenen wäre die Geschichte Jesu mit seinem Tod zu Ende gewesen. Niemand hätte seine Worte gesammelt, seine Taten weiter erzählt. Die Geschichte von seiner Geburt in Bethlehem wäre nicht entstanden. Erst die Botschaft von der Auferstehung Jesu hat dem Leben der Jüngerinnen und Jünger eine ganz neue Richtung gegeben. Sie ist die Quelle des christlichen Glaubens und der Ursprung der Kirche.

Leitgedanke: »Der Tod ist kein hoffnungsloser Fall« (Heinz Zahrnt). Aus dem Schweigen wächst Freude.

Wort des Tages

Christus spricht:
Ich war tot,
und siehe, ich bin lebendig
von Ewigkeit zu Ewigkeit
und habe die Schlüssel des Todes und der Hölle. Offenbarung 1, 18

Lesung aus dem Alten Testament | *1. Samuel 2,1–2.6–8a*

Wer würde etwas loslassen,
um das er mit aller Kraft gekämpft hat?
Hanna hat das getan.
Sie war kinderlos
und wurde deshalb verspottet und verachtet.
Aber Hanna wehrt sich.
Sie kämpft mit Gott um einen Sohn.
Gott erhört sie: Samuel wird geboren.
Drei Jahre später bringt sie ihn zum Tempel.
Sie hatte Gott versprochen,
dass Samuel ein Gottesmann werden soll.
Hanna kann ihr Kind loslassen,
weil Gott ihr geholfen hat.

Mit starken Worten lobt sie Gott.
Wir hören diese Worte aus dem 1. Buch Samuel,
im 2. Kapitel.

Epistel | *1. Korinther 15,1–11*

Woher wissen wir, dass Jesus auferstanden ist?
Kann es nicht sein, dass sich jemand alles ausgedacht hat?
Solche Fragen begleiten diese Botschaft von Anfang an.
Auch in Korinth.
Darum führt Paulus alle Zeugen auf, die den lebendigen Jesus
mit eigenen Augen gesehen haben.
Eine eindrucksvolle Liste!
Am Ende nennt er auch sich selbst,
obwohl er Jesus nie begegnet ist.
Aber Gott selbst hat ihm die Augen geöffnet,
die Augen des Glaubens.
Paulus schreibt im 1. Brief an die Korinther im 15. Kapitel:

Evangelium | *Markus 16,1–8*

Es ist nicht leicht, die Botschaft von der Auferstehung zu glauben
und in den Mund zu nehmen.
Das sehen wir an den Frauen,
die am Ostermorgen zum Grab gekommen sind.
Sie wollen einen lieben Toten aufsuchen
und hören stattdessen von einem, der lebt.
Er ist uns voraus in ein Leben, das wir noch nicht haben.
Kein Wunder, dass ihnen das erst einmal die Sprache verschlägt!
Aber das Schweigen hat nicht das letzte Wort behalten;
sonst säßen wir nicht hier.
Wir hören das Markusevangelium, Kapitel 16.

Hinweise zur Liturgie

Liturgische Farbe: weiß.
Psalm 8,14–24.

Oda-Gebbine Holze-Stäblein

Ostermontag

»Es war am Ostermorgen. Der Chor sang in der Frühmette: ›Christ ist erstanden von den Toten, er hat den Tod zertreten und denen das Leben gegeben, die in den Gräbern ruhten‹. Da erschütterte das Krachen von Granaten das Gebäude. Der Geruch brennenden Schwefels lag über uns. Bei wem wurden da nicht die durchlebten acht Kriegsjahre wach ... – Gott ist im Fleisch der Geschichte der Menschheit immer gegenwärtig. Im Leiden und in der Todesnot der Menschen wird er gekreuzigt. – Wir in der Kirche von Antiochien haben den bitteren Kelch bis zur Neige geleert, und doch ist unsere Nacht voller Erwartung. – An jenem Ostermorgen war uns ganz bewusst, dass wir versammelt waren, um den willkommen zu heißen, der da kommt, um von ihm den Geist des Lebens und des Friedens zu empfangen.«

(Frieda Haddad, Libanon)

»Herr, bleibe bei uns«. Auf dem Weg nach Emmaus werden zwei traurige Jünger von Jesus begleitet. Er legt ihnen die Schrift aus, da »brennen ihre Herzen« – und beim Brechen des Brotes erkennen sie ihn. Die Geschichte, die in der Liturgiegeschichte als exemplarisches »Gottesdienst-Modell« in seinen zwei großen Teilen (Wort-Teil und Abendmahls-Teil) gesehen wurde, zeigt, wie Jesu Auferstehung erlebt wurde.

Wort des Tages und Wochenspruch

Christus spricht:
Ich war tot,
und siehe, ich bin lebendig
von Ewigkeit zu Ewigkeit
und habe die Schlüssel des Todes und der Hölle. Offenbarung 1,18

Lesung aus dem Alten Testament | *Jesaja 25,8.9*

»Alles wird gut!«
Dieser Satz, ob im Munde eines Politikers
oder einer charmanten TV-Moderatorin,
wirkt angesichts von Kriegen und Katastrophen
oft ziemlich hohl und billig.
Wenn der allmächtige und barmherzige Gott ihn ausspricht,
dann dürfen wir allerdings Großes erwarten:
das Ende aller Tränen,
das Ende allen Leides,
ja, das Ende des Todes.
Diese kühne Vision entfaltet Jesaja in seinem 25. Kapitel.

Epistel | *1. Korinther 15,12–20*

Wovon können wir reden im Angesicht des Todes?
Welches Lied können wir anstimmen an einem offenen Grab?
Paulus führt uns im 15. Kapitel des 1. Korintherbriefes
an den Grund christlicher Hoffnung,
er macht uns klar, dass ohne die Auferstehung Christi
unser Glaube auf schwachen Füßen stehen würde.

Evangelium | *Lukas 24,13–35*

Vielleicht sind heute unter uns Menschen,
die einen guten Freund oder eine Freundin verloren haben
und deshalb sehr verzweifelt sind.
Ihr Herz hat einmal gebrannt – für diesen Menschen.
Vielleicht suchen sie nun nach jemandem,
der sie auf ihrem Weg der Trauer begleitet.
Von einer solchen Begegnung erzählt Lukas in einer der schönsten,
der persönlichsten, der bewegendsten Ostergeschichten.
Sie steht am Ende seines Evangeliums im 24. Kapitel.

Hinweise zur Liturgie

Liturgische Farbe: weiß.
Psalm 118,14–24.

Jochen Arnold

1. Sonntag nach Ostern *Quasimodogeniti*

Der Name des 1. Sonntags nach Ostern bezieht sich auf die lateinischen Worte des Eingangsvotums aus 1. Petrus 1,3 »Wie neu geborene (Kinder nach Milch seid begierig nach dem unverfälschten Wort Gottes)«. Ursprünglich haben die zu Ostern Getauften an diesem Sonntag ihre weißen Taufkleider abgelegt. Daher trägt dieser Sonntag auch den Namen »Weißer Sonntag«. In der Taufe ereignet sich die neue Geburt zum geistlichen Leben, d.h. zu einem Leben mit Christus. Dieses neue Leben hat seinen Ursprung in der Auferstehung Jesu vom Tod.

Wochenspruch

Gelobt sei Gott, der Vater unseres Herrn Jesus Christus,
der uns nach seiner großen Barmherzigkeit wiedergeboren hat
zu einer lebendigen Hoffnung
durch die Auferstehung Jesu Christi von den Toten. 1. Petrus 1,3

Lesung aus dem Alten Testament | *Jesaja 40,26–31*

Oft fehlt uns die Kraft,
die Schwierigkeiten des Lebens zu bewältigen.
Erschöpft und niedergeschlagen neigen wir zur Resignation.
Eine Erfahrung, die nicht nur wir machen,
sondern auch schon Generationen vor uns kannten.
Das Volk Israel damals im Exil in Babylon –
würden sie jemals in ihre alte Heimat zurückkehren?
Doch das Unerwartete geschah.

Und heute?
Im Vertrauen auf Gott entsteht eine wunderbare Leichtigkeit –
wie bei einem Vogel im Flug.
Hören wir, was dazu bei Jesaja im 40. Kapitel geschrieben steht:

Epistel | *1. Petrus 1,3–9*

Der Alltag erdrückt im Laufe der Jahre Hoffnungen und Erwartungen.
Unsere Phantasie und unsere Träume scheinen einzutrocknen.
Wir sehnen uns nach Loslösung von allem,
was uns behindert.
Ostern haben wir von dem ganz anderen Leben gehört,
das uns durch die Auferstehung Jesu Christi geschenkt wird.
Wer sich von dieser Hoffnung anstecken lässt,
erfährt nicht nur Veränderungen im Kleinen,
sondern Verwandlung im Ganzen.
Wir fühlen uns »wie neugeboren«.
Lesen wir, was dazu der 1. Petrusbrief im 1. Kapitel zu sagen hat:

Evangelium | *Johannes 20,19–29*

Wir brauchen immer wieder Rat, Hilfe, Ermutigung.
Es muss sich etwas ereignen, das uns die Kraft gibt,
wieder von neuem anzufangen.
Einer muss unser ängstliches Herz berühren.
Er, Christus, muss uns aus der Enge in die Weite führen.
Wenn Christus sagt »Friede sei mit euch«,
wächst in uns Vertrauen.
Ungeahnte Kräfte werden wach.
Hören wir, was der Evangelist Johannes
im 20. Kapitel seines Evangeliums dazu schreibt:

Hinweise zur Liturgie

Liturgische Farbe: weiß.
Psalm 116,1–9.

Peter Helbich

2. Sonntag nach Ostern   *Misericordias Domini*

Der Sonntag des »guten Hirten« (Misericordias Domini = die Barmherzigkeit Gottes). Ein vertrautes Bild zieht sich durch alle Texte, Gebete und Lieder dieses Sonntags: Der gute Hirte weidet seine Schafe.

Bei manchem Gottesdienstbesucher, mancher Gottesdienstbesucherin wird dieses Bild Erfahrungen von Geborgenheit und Nähe zum Klingen bringen: Gott schützt und gibt Orientierung.

Andere werden das Bild als antiquiert und die mögliche Identifikation mit einem Schaf in der Herde als Provokation empfinden. Sie widerspricht dem Drang nach Individualität, Selbstbestimmung und Unabhängigkeit.

Am 2. Sonntag nach Ostern wird in manchen Gemeinden Konfirmation gefeiert. Konfirmandinnen und Konfirmanden werden die Ambivalenz des Bildes möglicherweise besonders empfinden. Denn viele suchen Geborgenheit und Orientierung in einer immer komplexer werdenden Welt und sind zugleich bestrebt, unabhängig zu werden von vorgegebenen Mustern und Rollen.

Wir befinden uns im Osterfestkreis. Der 2. Sonntag nach Ostern preist die Barmherzigkeit Gottes, der sich als guter Hirte seines Volkes annimmt (Ezechiel 34). Mit seinem Leidensweg zeigt er auch unseren menschlichen Leidenswegen Perspektiven auf (1. Petrus 2) und setzt sich mit seinem Leben für die ihm anvertrauten Menschen ein (Johannes 10).

Die Texte werben darum, Gott als Hirten für das eigene Leben zu wählen und damit gerade eine Freiheit zu erlangen, die nur durch die Bindung an diesen Hirten möglich ist.

Mögliches Thema: Wem vertrauen wir uns an?

Wochenspruch

Christus spricht: Ich bin der gute Hirte.
Meine Schafe hören meine Stimme,
und ich kenne sie, und sie folgen mir;
und ich gebe ihnen das ewige Leben. Johannes 10,11a.27–28a

Lesung aus dem Alten Testament
| *Ezechiel 34,1–2(3–9)10–16.31*

Viele Mächte erheben Anspruch auf unser Leben.
Manche tun uns gut.
Andere nutzen uns aus.
Wem sollen wir Vertrauen schenken?

Einst hatten die Israeliten schlechte Erfahrungen gemacht
mit verschiedenen Herrschern.
Sie verloren Kriege,
wurden vertrieben
oder lebten im eigenen Land unter fremder Herrschaft.
Wem sollten sie sich jetzt anvertrauen?
Hören wir, wie Gott um sie wirbt.
Aufgeschrieben hat es der Prophet Ezechiel im 34. Kapitel.

Epistel | *1. Petrus 2,21b–25*

Viele Mächte erheben Anspruch auf unser Leben.
Manche Menschen geben sich stark,
und sind doch schwach, wenn es darauf ankommt.
Manche können nur stark sein, wenn wir schwach bleiben.
Andere wirken schwach,
aber haben eine echte Stärke in sich.

Wer ist gut für uns?

Das fragte sich auch die Gemeinde,
an die der Verfasser des 1. Petrusbriefes schrieb.
Jesus war schwach gewesen –
sonst wäre er nicht ans Kreuz genagelt worden.
Und die Christen wurden bedroht und verfolgt.
Wäre es nicht besser,
sich einem anzuvertrauen,
der jetzt die Macht auf seiner Seite hatte?
Wir hören eine Antwort aus dem 1. Brief des Petrus im 2. Kapitel.

Evangelium | *Johannes 10,11–16(27–30)*

Jesus lässt keinen Zweifel daran,
wem wir uns im Leben anvertrauen sollen:
Ihm, dem guten Hirten.
Er stellt die Verbindung zum Vater her,
lässt uns teilhaben an der Lebenskraft Gottes.
Er will uns nicht bevormunden,
aber Orientierung geben.
Er will uns nicht in Abhängigkeit bringen,
sondern nahe sein und ein Auge auf uns haben.
Aber hören wir selbst.
Der Evangelist Johannes hat es aufgeschrieben im 10. Kapitel.

Hinweise zur Liturgie

Das Wochenlied EG 274 ist eine Neudichtung des Psalms 23. Der Psalm 23 kann im Gottesdienst (am besten gemeinsam und nicht im Wechsel) gesprochen werden (siehe auch EG 711). Der Regionalteil für Niedersachsen und Bremen bietet unter EG 574 »Der Herr ist mein Hirte« auch die Möglichkeit, ihn zu singen.

Um die Zeit dieses zweiten Sonntags nach Ostern finden in vielen Gemeinden die Konfirmationen statt. Umfangreiches Material bietet die Konfirmationsagende (Agende III) oder Fritz Baltruweit / Günter Ruddat, Konfirmation, in: Gemeinde gestaltet Gottesdienst 2 (Taufe, Konfirmation, Trauung, Beerdigung), S. 101 ff.

Liturgische Farbe: weiß.
Psalm 23.

Barbara Hustedt

Es waren einmal zwei Menschen.
Der eine konnte singen,
der andere konnte zuhören.

Sang der eine über einen Baum,
dann sagte der andere:
Ich sehe einen Baum,
der blüht in der Wüste.
Wir ruhen aus im Schatten seiner Zweige.

Sang der eine über den anderen,
dann sagte der andere:
Ich bin du.

Huub Oosterhuis

3. Sonntag nach Ostern *Jubilate*

Der 3. Sonntag nach Ostern trägt seinen lateinischen Namen nach dem Beginn des Eingangspsalm 66, Vers 1: »Jauchzet (=Jubilate) Gott alle Lande!« Dieser Psalm spricht vom Sieg und von der Herrschaft Gottes über die Erde und ihre Völker. Heute beten wir diesen Psalm als Hinweis auf die Auferstehung Jesu Christi und seinen Sieg über den Tod. Mit Christus erhält die Schöpfung Gottes ein neues Gesicht. Mit dem auferstandenen Jesus Christus hat unsere Verwandlung zum Leben begonnen.

Wochenspruch

*Ist jemand in Christus, so ist er eine neue Kreatur;
das Alte ist vergangen, siehe, Neues ist geworden. 2. Korinther 5,17*

Lesung aus dem Alten Testament

| 1. Mose 1,1–4a.26–31a; 2,1–4a

Wir leben inmitten von vielfältigem und buntem Leben.
Die Entstehung unserer Erde,
die Geheimnisse des Lebens erforschen wir.
Wir staunen immer wieder über die großen Wunder in der Natur
und in unserem eigenen Leben.

Im ersten Schöpfungsbericht am Anfang des 1. Mosebuches
versucht der Schreiber den Dingen auf den Grund zu gehen.

Epistel *| 1. Johannes 5,1–4*

Nicht immer gelingt uns das Leben.
Die Dinge der Welt drängen sich oft zwischen uns und Gott.
Die ersten Tage der Schöpfung haben wir vergessen.
Aber wir sind nicht verloren.
Durch Jesus Christus kommt uns Gott wieder ganz nahe.
Christus überwindet die dunklen Seiten der Welt,
schenkt uns Liebe zu Gott und zu den Menschen.
Im 1. Johannesbrief, Kapitel 5, heißt es:

Evangelium | *Johannes 15,1–8*

Wie oft ist unser Leben gefangen von äußerlichen Dingen?
Wie oft drehen wir uns um uns selbst?
Doch alles wird anders, wenn Christus mit und in uns lebt.
Nimmt er in uns Gestalt an, verwandelt sich unser Leben.
Es ist wie mit einem Weinstock und seinen Trauben.
So ist es aufgeschrieben im Johannesevangelium im 15. Kapitel.

Hinweise zur Liturgie

Liturgische Farbe: weiß.
Psalm 66,1–9.

Vielerorts finden in der Zeit um den 1. Mai Gottesdienste zum »Tag der Arbeit«
statt. Beispiele für Gottesdienstvorlagen: Kirchlicher Dienst in der Arbeitswelt
(KDA), »Tag der Arbeit« (www.kirchliche-dienste.de) oder Walter Hollenweger,
Das Kirchenjahr inszenieren, S. 79 ff (»Für einen langfristigen Egoismus«).

Peter Helbich

4. Sonntag nach Ostern   *Kantate*

Es gibt Momente im Leben, die lassen sich mit Worten nicht fassen. So etwa am 9. November 1989 – als das Unvorstellbare Wirklichkeit wurde. Nach 28 Jahren öffnete sich die Mauer, die Deutschland teilte. Und Menschen aus Ost und West lagen sich in den Armen. Sie weinten, sie lachten, sie tanzten – und sie sangen. Einige sangen aus voller Kehle: »Stille Nacht, heilige Nacht«.

Die Erinnerung daran hilft, sich auszumalen, wie das Volk Israel gefeiert haben muss, als es frei kam aus der Versklavung in Ägypten und Rettung erfuhr vor den Verfolgern am Schilfmeer.

Das erste Lied der Bibel erklingt am rettenden Ufer. Es ist der Prophetin Miriam zugeschrieben. Sie schlägt die Pauke. Und die Frauen eröffnen einen großen Reigen – in den alle einstimmen: »Lasst uns dem Herrn singen, er hat eine herrliche Tat getan: Ross und Mann hat er ins Meer gestürzt« (2. Mose 15,21).

Kantate heißt übersetzt: »Singt!«. Der Spruch des Tages erklärt nicht nur, dass der Name für diesen Sonntag aus Psalm 98 kommt, sondern auch, worum es geht: wegzukommen vom ewig alten Lied des Jammerns und des Klagens und ein neues Lied anzustimmen – zum Lobe Gottes und als Dank für wunderbare Erfahrungen.

Wochenspruch

Singt dem Herrn ein neues Lied,
denn er tut Wunder. Psalm 98,1

Lesung aus dem Alten Testament | *Jesaja 12,1–6*

Wer von uns weiß nicht,
wie unwohl man sich in der eigenen Haut fühlt,
wenn man verstimmt ist,
wenn falsche Töne,
wenn Missklänge unsere Lebensmelodie stören.

Und wer hat noch nie erlebt,
wie gut es tut,
wenn das »Verstimmtsein« nachlässt,
wenn Dissonanz sich in Harmonie verwandelt
und ein Lied über die Lippen kommt,
das nichts als Lebensfreude ausdrückt.

Beim Propheten Jesaja im 12. Kapitel steht ein solches Lied.

Epistel | *Kolosser 3,12–17*

Staunen über die Wunder Gottes,
in Psalmen einstimmen,
Begeisterung in Lobgesänge kleiden –
das gehört zu den Kennzeichen der christlichen Gemeinde.

Das Staunen und Singen führt in die Tat.
Wie kann sich christliches Leben täglich gestalten?
Unser Christsein ist wie ein Gewand, das uns gut kleidet,
schreibt Paulus im 3. Kapitel des Kolosserbriefes.

Evangelium | *Matthäus 11,25–30*

So wie wir sind, sind wir willkommen.
Auch wenn uns vielleicht nicht nach Singen zumute ist,
wenn uns Worte und Töne im Halse stecken bleiben.
Kommt her zu mir alle, sagt Jesus,
wenn ihr mühselig und beladen seid.

Wir können diese Einladung annehmen -
und kommen, wie wir sind.
Und es ist nicht ausgeschlossen,
dass sich etwas in uns ändert,
wenn Musik erklingt und Lieder uns anrühren.
Denn das Evangelium verheißt,
dass Lasten wieder leicht werden können.
Wir hören aus dem Matthäusevangelium, Kapitel 11:

Hinweise zur Liturgie

Auf die Frage, warum er neue geistliche Lieder schreibe, antwortete Wilhelm Willms, der katholische Pfarrer und Schriftsteller, 1976 so: »Warum sangen die drei Jünglinge im Feuerofen? Half das Singen? Warum sangen die Schwarzen, warum sangen die Sklaven im Land der Unterdrückung? Half das was? Warum sang Miriam das Schilfmeerlied? Warum sang Maria ihr Trutzlied, das Magnificat? Warum sang David vor Saul? Da ist es ausdrücklich gesagt: um die bösen Geister zu vertreiben. Nelly Sachs schreibt über David: Er baute in seinen Liedern Nachtherbergen für die Wegwunden; oder – er maß in seinen Psalmen in Verzweiflung die Entfernung zu Gott aus. Singend die Zeit bestehen. Singend die Welt bestehen.« Aus: »Singen um gehört zu werden«, Hg. Arnim Juhre, Wuppertal, 1976.

Liturgische Farbe: weiß. Psalm 98.

Eugen Eckert

5. Sonntag nach Ostern *Rogate*

Die ursprüngliche Bedeutung des lateinisch benannten Sonntags Rogate
(= Betet!), des 5. Sonntags nach Ostern, leitet sich aus einem mittelalterlichen
Brauch ab. Damals wurden an diesem Tag und den folgenden Tagen Bittgänge
für die Ernte vorgenommen. Auch an diesem Sonntag klingt noch die österliche
Botschaft weiter. Beten heißt: zu dem Herrn über Leben und Tod sprechen, sich
ihm zuwenden und mit ihm reden. Beten heißt aber auch: sich für den Mit-
menschen vor Gott einsetzen, Fürbitte tun. Oder einfach Christus um den Hals
fallen, damit sich alles zum Guten wendet.

Wochenspruch

Gelobt sei Gott, der mein Gebet nicht verwirft
noch seine Güte von mir wendet. Psalm 66,20

Lesung aus dem Alten Testament | *2. Mose 32,7–14*

Wer wagt es, Gott für den Feind zu bitten?
Wer wagt es, Gott in die Arme zu fallen,
wenn er aus Zorn strafen will?
Wer setzt sich für die ein, die Fehler machen?
Mit Gott verhandeln – das ist nicht nur ein Privileg der großen Alten
wie Abraham und Moses.
Das können auch wir.
Nicht das Verderben über andere herbeiwünschen,
sondern für sie beten.
So kann sich Böses zum Guten wenden.
Wie Mose mit Gott verhandelt,
hören wir im 2. Buch Mose, Kapitel 32.

Epistel | *1. Timotheus 2,1–6a*

Was können wir tun für die Menschen und den Erdkreis?
Was können wir beitragen zum Wohl der Welt?
Welche Kraft Gebete entfalten können,
davon schreibt Paulus im 1. Timotheusbrief im 2. Kapitel.

Evangelium | *Johannes 16,23b–28(29–32)33*

Weil Gott uns liebt, dürfen wir ihn alles bitten,
auch wenn unsere Sicht begrenzt ist.
Was für uns abwegig und schlecht ist,
wird er ohnedies streichen.
Aber wir können gewiss sein: Er hört uns!
Im Evangelium des Johannes, im 16. Kapitel,
lesen wir dazu:

Hinweise zur Liturgie

Liturgische Farbe: weiß.
Psalm 95,1–7b oder Psalm 118,14–24.

Peter Helbich

Christi Himmelfahrt

»Gen Himmel aufgefahren, ist er doch allezeit bei uns.« So formuliert das Wochen-
lied (EG 121) den Leitgedanken des Tages. Der Spruch des Tages bindet das
Geschick von Jesus Christus ganz eng an unsere Erlösung. So ist Jesu Entfernung
von den Jüngern die Voraussetzung für seine Nähe zu allen Menschen – auch zu
uns heute.

In der frühen Christenheit war das Gedenken der Erhöhung Christi mit der
Osterfeier verbunden, teilweise fiel es auch mit dem Gedächtnis der Sendung des
Geistes am 50. Tag nach Ostern zusammen. Als eigenes Fest am 40. Tag nach
Ostern – in Anlehnung an die Zeitfolge der Apostelgeschichte – setzte es sich
erst im 4. Jahrhundert durch.

Mögliches Thema: Der offene Himmel gibt eine neue Perspektive.

Wort des Tages

Christus spricht:
Wenn ich erhöht werde von der Erde,
so will ich alle zu mir ziehen. Johannes 12,32

Lesung aus dem Alten Testament
| *1. Könige 8,22–24.26–28*

Wo ist Gott?
Wo können wir ihm begegnen?
In der Kirche? In der Natur? Im Herzen?

Wo ist Gott?
Dieser Frage hat sich König Salomo gestellt,
als er den Tempel in Jerusalem einweihte.
Zum ersten Mal war für Gott ein Tempel erbaut worden.
Aber: War es nicht vermessen,
den Gott, der über der Erde steht,
in ein Haus zu zwängen?

Wir hören das Gebet, das Salomo
bei der Einweihung des Tempels sprach.
Es steht im 1. Buch der Könige im 8. Kapitel.

Epistel | *Apostelgeschichte 1,3–4(5–7)8–11*

Wenn eine Zeit zu Ende geht,
in der ich mich eingerichtet habe,
werde ich unsicher.
Wie wird es weitergehen?
Was gibt mir Halt?

40 Tage nach Ostern ging für die Jünger die Zeit zu Ende,
in der sie den auferstandenen Jesus an ihrer Seite hatten.

Wo würde dieser Jesus sein,
dem sie sich anvertraut hatten?
Der ihnen den Weg gewiesen hatte?
Wie würde es weitergehen?

Wir hören aus dem 1. Kapitel der Apostelgeschichte,
wie Jesus sich von seinen Jüngern verabschiedet.

Evangelium | *Lukas 24,(44–49)50–53*

Kann ich mich darüber freuen,
wenn jemand, an dem mir viel lag, fortgeht?
Was bleibt nach einem Abschied?

Das Evangelium für Christi Himmelfahrt erzählt davon,
wie Jesus fortgeht – aber die Freude bleibt.

Mit diesen Worten schließt das Lukasevangelium.
Sie stehen im 24. Kapitel.

Hinweise zur Liturgie

Viele Gemeinden feiern den Himmelfahrtsgottesdienst draußen, »Open Air« – »der Himmel steht offen« – und: Sie nehmen ein weiteres Wort der Geschichte ernst: »Was steht Ihr da und schaut zum Himmel?« – Wir sind an die Menschen gewiesen. Durch das Hinausgehen aus dem Kirchengebäude fällt vielen Kirchenferneren der Zugang zum Gottesdienst leichter. Sie können Nähe und Distanz selbst bestimmen – und finden vielleicht gerade dadurch näher zur Gemeinde. Das ist auch »Himmelfahrt«.

Ein Beispielgottesdienst »Unter freiem Himmel« in: Fritz Baltruweit/ Günter Ruddat, Unterwegs durch das Jahr.

Und: Im Christus-Pavillon erzählte in einem Himmelfahrtsgottesdienst zur Eröffnung der Weltausstellung EXPO 2000 Astronaut Reinhold Ewald, was er mit Himmelfahrt verbindet (festgehalten in: Fritz Baltruweit/Dieter Haite/ Jan Hellwig, Kirche, die sich öffnet, S. 48ff): »Der Himmel – das ist eine schwarze Leere, gesprenkelt mit den ungetrübten Lichtern der Sterne. Doch das Schwarz ist viel intensiver als auf der Erde. Und dann der Kontrast: Erst dieses schwarze Nichts – dann ein dünnes blaues Band, die Atmosphäre. Und dann die Erde, die mit ihren Ozeanen und Landflächen größtenteils blau und weiß erstrahlt. Die Küstenlinien sind als scharfer Kontrast zu sehen zwischen Wasser und Land. Da wird Licht von Dunkelheit getrennt – und Land und Wasser voneinander geschieden – wie in der Schöpfungsgeschichte. Als das erste Raumschiff den Mond umrundete und die Erde vor sich aufgehen sah, da haben die Astronauten tatsächlich aus dem Weltall die Schöpfungsgeschichte aus der Bibel vorgelesen.

Der Blick auf die Erde lehrt, dass unser Lebensraum begrenzt ist. In 90 Minuten haben wir die Erde einmal umrundet. Die Atmosphäre, die uns schützt, ist nur ein dünnes blaues Band, dahinter beginnt der lebensfeindliche Weltraum. Das, was wir auf der einen Seite der Erde tun, bleibt nicht ohne Folgen auf der anderen Seite. Aus dem Weltraum blickend ist es wohl einfacher, die weltweiten Zusammenhänge zu sehen, dass die Erde ein Lebensraum ist – für alle.«

Liturgische Farbe: weiß.
Psalm 47,2–10.

Dirk Stelter

Erzähler/in: *Und Jesus sprach zu ihnen:*

Jesus: *Mir ist alle Gewalt gegeben*
im Himmel und auf Erden.
Darum macht alle Völker zu Jüngern:
Tauft sie im Namen des Vaters
und des Sohnes
und des heiligen Geistes
und lehrt sie alles halten,
was ich euch gesagt habe.
Und siehe,
ich bin bei euch jeden Tag
bis an der Welt Ende.

Erzähler/in: *Und er hob die Hände*
und segnete sie.
Und als er sie segnete,
schied er von ihnen
und fuhr auf in den Himmel.

Ein einfaches Beispiel für eine Textlesung mit verteilten Rollen
Matthäus 28,18–20 (und Lukas 24,50 und 51)

6. Sonntag nach Ostern *Exaudi*

Jesus verabschiedet sich von seinen Jüngern, ehe Gott ihnen den Heiligen Geist schenkt und die Kraft Christi in ihnen verwurzelt. Die Ambivalenz des Abschieds ist das Thema des Sonntags. Sie ermutigt zu dem leisen Hilferuf: Exaudi. Erhöre mich.

Stichworte: Im Zeichen des Abschieds und im Zeichen der Verheißung des Geistes (Neuer Bund – Jeremia 31,31).

Wochenspruch

Christus spricht: Wenn ich erhöht werde von der Erde,
so will ich alle zu mir ziehen. Johannes 12,32

Lesung aus dem Alten Testament | *Jeremia 31,31–34*

Jeder weiß Bescheid, was gut und richtig ist.
Alle leben danach.
Gesetze sind nicht mehr nötig.
Alle wissen, dass Gott fest zu uns steht und für uns sorgt.
Noch ist es nicht soweit,
aber eines Tages!
Ein neues Verhältnis Gottes zu uns und untereinander
kündigt der Prophet Jeremia an.
Diese Verheißung steht im 31. Kapitel seines Buches.

Epistel | *Epheser 3,14–21*

Wie werde ich fest und stark?
Wenn das Vertrauen in mir wohnt,
wenn ich Liebe erfahre.
Gott schenkt es, sagt der Apostel in seinem
Brief an die Epheser im 3. Kapitel.
Er lobt Gott überschwänglich und schreibt:

Evangelium | *Johannes 15,26–16,4*

Sonntag zwischen Himmelfahrt und Pfingsten ist heute.
Christus nimmt Abschied von seinen Freunden.
Der Heilige Geist ist noch nicht da.
Was wird aus uns, fragen seine Freunde.
Wenn ich keine Kraft mehr habe, wenn ich unter Druck bin.
Du wirst getröstet werden.
Ich trete dir zur Seite, sagt Christus.
Wir hören aus seiner Abschiedsrede.
Sie steht im Evangelium des Johannes in Kapitel 15.

Hinweise zur Liturgie

Liturgische Farbe: weiß.
Psalm 27,1.7–24.

Heinz Behrends

Pfingstsonntag *Tag der Ausgießung des Heiligen Geistes*

Das Wort des Tages stellt Gottes Geist menschlicher militärischer Macht und Kraft überhaupt gegenüber. Als Folge des von Gott gesandten Geistes spielt Kraft in den biblischen Lesungen dann aber wieder eine zentrale Rolle: Kraft, der eigenen Aufgabe gerecht zu werden; Kraft, die frohe Botschaft öffentlich zu verkündigen; Kraft, im Sinne Jesu Gemeinschaft zu haben und Glauben zu leben.

Wie Ostern (vgl. Passah) ist Pfingsten ein Tag, der aus dem jüdischen Festkalender übernommen ist: der 50. (daher das Wort »Pfingsten«) Tag nach Passah, das »Wochenfest«. Im frühen Christentum schloss dieser Tag (lediglich) die Osterzeit (= fünfzigtägige Freudenzeit) ab. Ende des 4. Jahrhunderts rückte das Gedächtnis der Geistsendung ins Zentrum: Ein eigenständiger Festtag entstand.

Mögliches Thema: Gottes Geist gibt Kraft, führt zusammen und hält zusammen.

Wort des Tages

Es soll nicht durch Heer oder Kraft,
sondern durch meinen Geist geschehen,
spricht der Herr Zebaoth. Sacharja 4,6

Lesung aus dem Alten Testament
| *4. Mose 11,11–12.14–17.24–25*

Manchmal wird mir alles zu viel.
Die Last, die auf mir liegt, erdrückt mich.
Am liebsten möchte ich aufgeben.
Wie kann es weiter gehen?
Wer richtet mich auf?

Auch Mose will aufgeben –
mitten in der Wüste,
nachdem er das Volk Israel schon so lange geführt hat.
Der Weg ins verheißene Land ist weit.

Wir hören, wie Mose seine Verzweiflung vor Gott bringt.
Und wir hören die unerwartete Antwort, die Gott gibt.
Ich lese aus dem 4. Buch Mose, Kapitel 11.

Epistel | *Apostelgeschichte 2,1–18*

Vor 2000 Jahren hat Jesus gelebt,
in einem Land weit weg von uns.
Er hat eine Sprache gesprochen,
die wir nicht verstehen würden.

Trotzdem kann er uns nahe sein.
Trotzdem können wir ihn verstehen.

Christinnen und Christen gibt es überall auf der Welt.
Den meisten von ihnen werden wir nie begegnen.
Die meisten von ihnen sprechen eine Sprache,
die wir nicht verstehen.
Trotzdem sind wir mit ihnen allen verbunden.

Am heutigen Pfingstsonntag hören wir die Geschichte
über den Ursprung dieser christlichen Gemeinschaft.
Sie steht im 2. Kapitel der Apostelgeschichte.

Evangelium | *Johannes 14,23–27*

Zu wissen:
Ich werde einen Menschen, der mir viel bedeutet hat, verlieren,
macht traurig und unsicher.
Wer tröstet mich?
Wie kann ich bewahren,
was dieser Mensch für mich bedeutet hat?

Als Jesus seinen Jüngern ankündigt,
dass er sie bald verlassen wird,
sind sie irritiert und verängstigt.

Doch mit ihrer Angst lässt Jesus sie nicht allein.
Wir hören das Evangelium für heute.
Es steht bei Johannes im 14. Kapitel.

Hinweise zur Liturgie

Baustein für das Fürbittengebet

... heute zu Pfingsten feiern wir,
dass du deinen Geist in deiner Kirche wehen lässt –
auch wenn wir ihm oft genug einen Riegel vorschieben.
Wir beten für unsere christliche Kirche:
für eine lebendige Kirche,
lebendig wie die Feuerflammen,
in denen der Geist damals auf die Apostel herabgekommen ist,
für eine bekennende Kirche,
die mutig wie Petrus das Evangelium von Jesus Christus
in Wort und Tat verkündigt,
für eine einige ökumenische Kirche,
die verschiedene Sprachen spricht und sich doch versteht,
für eine prophetische Kirche,
die in der Kraft des Geistes Unrecht benennt
und sich für Benachteiligte einsetzt,
für eine apostolische Kirche,
die Botin der Verständigung zwischen den Völkern, den Klassen,
den Geschlechtern und den Religionen ist.

Pfingsten steht für eine »bewegende Kirche« (Thema des ersten Kirchentages in Hannover 1949), für eine Geist-bewegte Kirche, für ein Fest voller Lebendigkeit: wie zum Beispiel bei der Weltausstellung EXPO 2000 auf der EXPO-Plaza mit Erzbischof Desmond Tutu (festgehalten in: Fritz Baltruweit / Dieter Haite / Jan Hellwig, Kirche, die sich öffnet, S. 56 ff.) Er sagte in seiner Predigt:

»Es gibt eine Geschichte von einem Bauern, der in seinem Garten einen eigenartigen Vogel hielt. Es wurde gesagt, dass dieser Vogel ein Huhn sei, aber es war schon ein sehr fremd und eigenartig aussehendes Huhn. Eines Tages kam ein kluger Mann und sagte: Nein, nein, nein, das ist kein Huhn, es ist ein Adler. Aber der Landwirt sagte: Nein, nein, Mann, das ist ein Huhn, dieses Vieh verhält sich wie ein Huhn, es pickt (wie ein Huhn), es kennt nicht einmal die Wolken, und es weiß nicht einmal, dass es eine Sonne gibt. Da sagte der fremde Mann: Bitte, gib mir doch dieses Huhn, und der Landwirt gab ihm das Tier. Dann stieg der Fremde auf die Spitze des Berges, wartete dort bis zum Sonnenaufgang, und als die Sonne aufging, hob er den Vogel hoch und sagt: Flieg, Adler, flieg! Der kleine Vogel schüttelte sich, breitete seine Flügel aus und erhob sich in die Lüfte und flog in die Ferne. Weit weg, der Sonne entgegen. Gott ruft dir und mir zu, uns allen: Hey, ihr seid keine Hühner, ihr alle seid wie ein Adler: Flieg, Adler, flieg. Und Gott sagt: Schüttle dich und mach dich auf den Weg, breite deine Flügel aus und schwärme davon. Fliege und fliege und erhebe dich immer höher, damit du zu dem wirst, zu dem du geschaffen wurdest. Wir sind erschaffen, um Gutes zu tun, um Freude und Lachen in die Welt zu bringen, einander beizustehen, erschaffen für das Schöne und dafür, dass wir uns in Ehrlichkeit und Wahrhaftigkeit begegnen.«

Liturgische Farbe: rot.
Psalm 118,24–27.

Dirk Stelter

Bekenntnis

Eine/r *Wir glauben an Gott,*
der uns liebt und der will,
dass wir uns alle lieben.

Alle *Das ist unser Gott.*

Eine/r *Wir glauben an Jesus,*
der sich den Kindern zuwandte
und sie in seine Arme nahm.
Er wollte eine Welt,
in der alle Menschen in Frieden zusammenleben.

Alle *Das ist Jesus Christus.*

Eine/r *Wir glauben an den Heiligen Geist,*
der mit uns am Werk ist,
bis alles gut und wahr ist.

Alle *Das ist der Heilige Geist.*

Eine/r *Wir können die Kirche sein,*
die die Menschen an Gott erinnert,
weil wir einander lieben.

Alle *Das glauben wir.*
Amen.

Vollversammlung des Ökumenischen Rates
der Kirchen in Canberra 1991

Pfingstmontag

*Am Pfingstsonntag 1983 fand auf der Rhein-Main-Airbase in Frankfurt eine Militär-
flugschau statt. Viele Schaulustige waren gekommen. Und im benachbarten Stadt-
wald feierten nochmals Tausende das traditionelle Stadtfest, den »Wäldchestag«.*

*Gegen 14 Uhr nahte im Tiefflug eine Formation aus fünf kanadischen Starfigh-
tern. Eine der Maschinen änderte plötzlich ihren Kurs. Sie verlor an Höhe, bäumte
sich noch einmal auf, ehe sie in einen Sturzflug überging. In der Nähe des Wald-
stadions stürzte sie ab. Der Pilot hatte sich durch den Schleudersitz gerettet.*

*Bewahrt von einer Katastrophe blieben auch die Schaulustigen und die Fest-
gesellschaft.*

*Keine Rettung gab es für Pfarrer Martin Jürges und seine Familie. Sie hatten
sich nach dem Gottesdienst auf den Weg gemacht, um einen Nachmittag im
Odenwald zu verbringen. Herabstürzende Flugzeugteile trafen das Auto. Alle sechs
Insassen kamen ums Leben. Sie wurden Opfer von Rüstung, mitten im Frieden.*

*Der Wochenspruch für die Pfingstzeit hält uns vor Augen, dass in militärischer Ge-
walt oder anderen Kraftakten kein Lebensglück liegt. Eher tritt das Gegenteil ein.*

*Gottes Wille aber ist es, dass uns das Leben glückt und gelingt. Dafür stehen
Jesus und seine Predigt. Dafür werden wir begabt mit Gottes heiligem und heilen-
dem Geist. Das unterstreichen die weiteren biblischen Texte für den Pfingstmontag.*

Wort des Tages und Wochenspruch

*Es soll nicht durch Heer oder Kraft,
sondern durch meinen Geist geschehen,
spricht der Herr Zebaoth. Sacharja 4,6*

Lesung aus dem Alten Testament | *1. Mose 11,1–9*

Wer kennt das nicht?
Ich bin davon überzeugt,
etwas klar und deutlich gesagt zu haben.
Mein Gegenüber aber versteht gar nicht,
was ich meine.
Umgekehrt geschieht das übrigens genauso oft.

Nicht die gleiche Sprache zu sprechen,
sich nur schwer verstehen und verständigen zu können,
das erleben selbst Menschen mit gleicher Herkunft.
Die alte Geschichte vom Turmbau zu Babel aus dem 1. Buch Mose
im 11. Kapitel erinnert uns daran,
wie nah Selbstüberschätzung und Scheitern beieinander liegen können.

Epistel | *1. Korinther 12,4–11*

Es ist nicht Gottes Wille, dass wir scheitern.
Unser Leben soll gelingen,
im alltäglich Kleinen wie im großen Ganzen.
Dazu begabt uns Gott,
einen jeden und eine jede von uns.
Das ist die Pfingstbotschaft
von der Ausgießung des Heiligen Geistes:
Wir sind begabt.
Und wir werden gebraucht,
mit unseren Gaben und Begabungen.
Hand in Hand kann uns ein anderes Bauwerk gelingen
als ein Turm aus Überheblichkeit –
nämlich ein Netz der Geborgenheit.
Hört 1. Korinther, Kapitel 12.

Evangelium | *Matthäus 16,13–19*

Gottes Geist schenkt Mut und Zuversicht,
und wer sich selbst nicht viel zutraut, kann entdecken:
Ich zähle, ich bin wichtig.
So wie Petrus, der Fehler machte
und doch zum Fels der Kirche wurde.
Davon berichtet das Matthäus-Evangelium in Kapitel 16.

Hinweise zur Liturgie

Pfingstlied
*1. Die Wunder von damals müssen's nicht sein, auch nicht die Formen von gestern
– nur lass uns zusammen Gemeinde sein, eins, so wie Brüder und Schwestern.*
*Refrain: Ja, gib uns den Geist, deinen guten Geist, mach uns zu Schwestern und
Brüdern.*
*2. Auch Zungen von Feuer müssen's nicht sein, Sprachen, die jauchzend entstehen,
nur gib uns ein Wort, darin Wahrheit ist, dass wir einander verstehen.*
Refrain: Ja, gib uns den Geist ...
*3. Der Rausch der Verzückung muss es nicht sein, Jubel und Gestikulieren, nur gib
uns ein wenig Begeisterung, dass wir den Mut nicht verlieren.*
Refrain: Ja, gib uns den Geist ...
Text: Lothar Zenetti, Musik: Peter Reulein. Aus:
Die Zeit färben, Strube 1999, Nr. 56.

Liturgische Farbe: rot. Psalm 100.

Eugen Eckert

Trinitatis   Tag der Heiligen Dreifaltigkeit

Im Trinitatisfest (Trinitatis = tri + unitas = drei + Einheit) wird ein »dogmatischer Schlusspunkt« gesetzt: unter Weihnachten (der Vater lässt Jesus Mensch werden), Ostern (der Sohn steht auf vom Tod) und Pfingsten (der Geist gibt sich uns als bewegende Kraft). Danach geht es im Kirchenjahr um die »Zeit der Kirche«, die wachsen, gedeihen, immer größer werden soll – wie ein Fischschwarm (der Fisch, griechisch ICHTYS, ist die Abkürzung für »Jesus Christus, Gottes Sohn, unser Heiland«. Im österlichen Licht erscheint das Geschenk des Glaubens täglich neu. So erlebte es auch Jesaja, als er im Tempel war und die Engel Gottes erblickte. Von der Heiligkeit Gottes war er überwältigt. Aber eines wurde ihm klar: Der Dreimal-Heilige sendet mich. Und ich gehe los, wohin ich gesandt bin.

Drei Mal »Heilig«. Das macht Trinitatis zum Ereignis. Zum nicht Erklärbaren. Weil etwas Unbegreifliches zur Sprache kommt. Die Drei sind Eins. Hört in die Verwandtschaftsverhältnisse Gottes an diesem Sonntag hinein.

Wochenspruch

Heilig, heilig, heilig ist der Herr Zebaoth;
alle Lande sind seiner Ehre voll. Jesaja 6,3

Lesung aus dem Altes Testament | *Jesaja 6,1–13*

Nicht zum Begreifen sind wir eingeladen.
Zum Staunen. Hinsehen. Augen reiben.
»Was ist das großartig!«
Wenn der Prophet Jesaja den Vorhang hebt,
der Rauch aufsteigt und die Bühne zum Ereignis wird.
Serafim, nie gesehene Engelwesen, werden es rufen,
das, was diesem Sonntag seinen Namen gab –
das »Dreimalheilig«.
Und Jesaja wird von ihnen angerührt werden,
dass er es weiter rufen kann bis zu uns heute.
Hören wir Jesaja 6:

Epistel | *Römer 11,(32)33–36*

Die Epistel für den heutigen Sonntag.
Ein seltsamer Text.
In wenigen Zeilen drei Ausrufezeichen
und zwei Fragezeichen!
Paulus ruft aus – und er fragt uns.
So als erwarte er unsere Antwort – ja, so ist es.
Und unsere Nachfrage: Ist es nicht so?
So ist eben Paulus. Im Römerbrief. Im 11. Kapitel.
Sind Sie eingestimmt?

Evangelium | *Johannes 3,1–8(9–15)*

Nikodemus und Jesus.
Ein Zwei-Personen-Stück für die Drei-Einigkeit Gottes.
In der Nacht spielt es. Geheimnisvoll.
Gar nicht laut.
Hineinhören. Satzfetzen aufschnappen.
Es geht um Jesus, Gott, den Geist.
Man kann nie alles hören.
Was durchs Ohr ins Innere dringt, ist wichtig.
Das reicht. Für den Augenblick.
Und darüber hinaus.
»Damit alle, die an ihn glauben, das ewige Leben haben«
ist der letzte Satz, bevor der Vorhang fällt.
Hören wir in Johannes 3 hinein:

Hinweise zur Liturgie

Liturgische Farbe: weiß.
Psalm 145 in Auswahl.

Joachim Köhler

1. Sonntag nach Trinitatis

Gibt es für uns so etwas wie eine «Lehre der Bibel», eine »lebendige« Lehre? Jesus wirkte, indem er auf Menschen zuging. Glaube ist nicht allein eine Gehirnleistung. Gott will erfahren werden.

Wir haben spätestens mit Luthers Katechismus gelernt, »dass ich nicht aus eigener Vernunft noch Kraft an Jesus Christus meinen Herrn glauben oder zu ihm kommen kann, sondern der Heilige Geist hat mich durch das Evangelium berufen.« – Glaube ist ein Geschenk, jeden Tag neu.

Die »Lehre der Bibel« ... – Der heutige Sonntag stellt uns wesentliche Texte aus der hebräischen und griechischen Bibel vor. In Bezug auf das Leben mit Gott wird dort so etwas wie eine Summe gezogen.

Wochenspruch

Christus spricht zu seinen Jüngern:
Wer euch hört, der hört mich;
und wer euch verachtet, der verachtet mich. Lukas 10,16

Lesung aus dem Alten Testament | *5. Mose 6,4–9*

Manche Worte sind Fundamente.
Es gibt ein Bibelwort – das lernen jüdische Kinder schon mit vier Jahren auf dem Schoß ihrer Väter auswendig.
Es wird zum Herzschlag, der das Leben eines jeden frommen Juden klar durchpulst von der ersten bis zur letzten Stunde.
Dieses Fundament steht im 5. Buch Mose im 6. Kapitel.

Epistel | *1. Johannes 4,16b–21*

Immer wieder die gleichen Fragen:
Wie sollen wir leben?
Was sollen wir denken und tun?
Dabei ist es ganz einfach.
Wir wissen es im Grunde auch schon lange.
Manchmal vergessen wir es schlicht.
Hören wir auf den 1. Johannesbrief im 4. Kapitel.

Evangelium | *Lukas 16,19–31*

Manchmal mache ich etwas falsch,
obwohl ich es besser wusste.
Das fühlt sich bitter an,
und dann kommt der Schaden, der entstand, noch dazu.
Dann wünschte ich, Gott hätte sich eingeschaltet.
Hat er auch, sagt Jesus in der Geschichte vom reichen Mann
und armen Lazarus.
Gott hat sich bereits eingeschaltet, bevor ich gehandelt habe.
Gott hat nämlich schon längst alles gesagt, was nötig ist,
um konsequent zu leben.
Wir hören Lukas 16:

Hinweise zur Liturgie

Liturgische Farbe: grün.
Psalm 34,2–11.

Ralf Drewes

2. Sonntag nach Trinitatis

*»Herr, deine Güte reicht, soweit der Himmel ist und deine Wahrheit, soweit die
Wolken gehen. Bei dir ist die Quelle des Lebens. Und in deinem Licht sehen wir
das Licht.« – Meine Zuflucht ist bei Gott, sagt Psalm 36, der Psalm des Sonntags.
Und nicht nur meine Zuflucht: Gottes Haus ist das Zuhause für alle. Alle sind
eingeladen.*

Wochenspruch

*Christus spricht: Kommt her zu mir, alle, die ihr mühselig
und beladen seid; ich will euch erquicken. Matthäus 11,28*

Lesung aus dem Alten Testament | *Jesaja 55,1–3b(3c–5)*

Manchmal lassen wir uns einreden,
nur Bezahltes sei wertvoll,
nur Teures tauge.
Vielleicht müssten die Eltern oder der Gefährte erst Geld nehmen,
damit man merkt, wie wichtig ihr Zuhören ist.
Das Wichtige im Leben ist umsonst, aber es ist nicht billig.
So will Gott Leben bauen.
Hört Gottes Wort durch den Propheten Jesaja – im 55. Kapitel:

Epistel | *Epheser 2,17–22*

Mit Christus als Prisma erkenne ich die Welt neu.
Mit ihm als Prisma vor Augen schließt sich mir die Welt
auf als Werkstatt Gottes.
Und ich erkenne: Ich bin beteiligt und betroffen,
bin Zeitgenosse oder Zeitgenossin Gottes.
Ich werde hineingezogen in sein Werk.
Obwohl ich nur zuschauen wollte,
stehe ich auf einmal auf seiner Baustelle.
Denn im Epheserbrief heißt es im 2. Kapitel:

Evangelium | *Lukas 14,(15)16–24*

Was bedeutet es uns, dass wir leben dürfen?
Ist das Leben eine Mühe oder ein Fest?
Zu Jesu Zeiten hielten viele das Leben für eine Mühsal:
Da wurde verzichtet und gefastet,
irdische Freuden standen in schlechtem Ruf.
Die Mühe sollte sich auszahlen nach dem Tod.
Man freute sich auf die kommende Herrschaft Gottes
und war dafür bereit, jetzt das Leben als Last zu tragen.
Jesus sah das anders.
Zumindest erzählt es uns Lukas in seinem Evangelium, Kapitel 14, so:

Hinweise zur Liturgie

Liturgische Farbe: grün.
Psalm 36,6–11.

Wir nähern uns der Mitte des Jahres. Am 24. Juni ist »Johannistag«, »Sommer-
sonnenwende« (»Sommerweihnachten«), vielfach verbunden (vor allem in den
nordeuropäischen Ländern) mit Sonnenwendfeiern und -feuern.
Johannes der Täufer steht Pate für diesen Tag – Er sagt: »Er muss wachsen,
ich aber muss abnehmen« (Johannes 3,30). Vom 24. Juni an »geht es auf Weih-
nachten zu«: Christus wächst, Johannes nimmt ab. Dennoch lohnt es, sich ein
Beispiel an ihm zu nehmen. An dem Menschen, der mit seiner Existenz die
Entscheidung für eine entschlossen bejahte Zukunft, für ein radikal erneuertes
Leben vertrat. Und das ist auch heute – und nicht nur zur Zeit der Sommer-
sonnenwende – eine Wende, die sich lohnt (siehe dazu »Sommerweihnachten«
in: Fritz Baltruweit/Mechthild Werner, Begleitet durch Jahr und Tag).

Thomas Hofer

3. Sonntag nach Trinitatis

Der Wochenspruch bringt das Thema des Sonntags auf den Punkt. Der Auftrag Jesu liegt im Suchen und Seligmachen. Gott sucht, was ihm gehört. Es geht im Evangelium um das Wiederfinden verlorenen Eigentums.

So wie Jesus zu den Menschen gegangen ist, sind wir aufgerufen, uns auf den Weg zu machen. Als Kirche sollten wir uns fragen, ob wir unsere weithin übliche Komm-Struktur beibehalten.

Suchen kann bisweilen mühevoll sein. Keiner ist zu weit weg, als dass Jesus ihn nicht suchte. Jede einzelne Person ist Gott viel wert. Er will uns nicht gegen unseren Willen haben, vielmehr so, dass wir zu ihm umkehren (Buße). Niemand ist aufgegeben. Auch wir selbst nicht.

Wochenspruch

Des Menschen Sohn ist gekommen, zu suchen
und selig zu machen, was verloren ist. Lukas 19,10

Lesung aus dem Alten Testament
| *Hesekiel 18,1–4.21–24.30–32*

Keine Situation ist zu verfahren.
Gott kann uns einen Ausweg zeigen.
Keine Schuld ist zu groß.
Gott kann sie uns vergeben.
»Kehret um, und ihr werdet leben«,
ruft der Prophet Ezechiel im Namen Gottes.
Hören wir, aus welchem Textzusammenhang dieser Aufruf stammt.
Es sind Worte, die der Prophet Hesekiel von Gott empfing.
Sie stehen im 18. Kapitel.

Epistel | *1. Timotheus 1,12–17*

Gott legt niemanden auf seine Vergangenheit fest.
Hören wir Worte von einem Mann,
der dies am eigenen Leib erfahren durfte.
Paulus, der ein Christenverfolger gewesen war,
schreibt an seinen Mitbruder Timotheus,
wie er eine zweite Chance bekam.
Wir hören aus dem 1. Kapitel:

Evangelium | *Lukas 15,1–3.11b–32*

Es gibt eine Freude des Findens.
Wir kennen sie alle.
Im Evangelium hören wir von einem Menschen,
der nie geglaubt hätte,
dass sich jemand freuen würde, ihn wiederzufinden.
Und wir hören von seinem Bruder, der nie verloren ging.
Er war traurig darüber,
dass er nicht auch wiedergefunden werden konnte.
Der Vater wünscht sich, dass beide Geschwister sich freuen –
und alle anderen auch.
Wir hören aus dem 15. Kapitel des Lukasevangeliums:

Hinweise zur Liturgie

Liturgische Farbe: grün.
Psalm 103,1–5.8–13.

*Für viele beginnt Ende Juni / Anfang Juli die Ferien- und Urlaubszeit. In dieser
Zeit legt sich ein Gottesdienst nahe, der diese Situation im Blick hat (auch die
Menschen, die zu Hause bleiben): Ein Segen auf dem Weg in die Ferien, ein
Gottesdienst »zum Ende der (kirchlichen) Saison«. Beispiele: »Ferienbeginn«, in:
Ulrich Fischer (u.a.), Gelegenheit macht Gottesdienst, S. 89ff bzw. »Du stellst
meine Füße auf weiten Raum«, in: Fritz Baltruweit / Mechthild Werner, Begleitet
durch Jahr und Tag.*

Anne Riemenschneider

4. Sonntag nach Trinitatis

Die Bibelworte des heutigen Sonntags wollen uns zu mehr Verantwortung führen, zur Barmherzigkeit (ein »barmendes« Herz haben – barmen: »sich die Not eines anderen zu eigen machen«, sich jemandes annehmen). In Zeiten der Ich-AGs und Selbstverwirklichungs-Trends führen sie hin zu mehr »Sich-Kümmern-Wollen«: Verantwortung übernehmen für unser Tun und Lassen und für unsere Mitmenschen. Das Leben, wie Gott es uns angedacht hat, ist nicht Leben für sich selbst, sondern um da zu sein für die, die uns brauchen.
Der Wochenspruch bringt dieses Anliegen auf den Punkt.

Wochenspruch

Einer trage des anderen Last,
so werdet ihr das Gesetz Christi erfüllen. Galater 6,2

Lesung aus dem Alten Testament | *1. Mose 50,15–21*

Ein Vater bevorzugt seinen zweitjüngsten Sohn.
Aus Eifersucht verkaufen die anderen Söhne
ihren Bruder nach Ägypten.
Josef heißt dieser Sohn
und wird dort zu einem mächtigen Mann.
Später müssen die Brüder vor Hunger und Elend aus ihrer Heimat
fliehen und wenden sich Hilfe suchend an Josef.
Wird Josef seinen Brüdern helfen?
Oder wird er sich für das erlittene Unrecht rächen?
Die Antwort hören wir im 1. Buch Mose, Kapitel 50.

Epistel | *Römer 14,10–13*

Unsere Mitmenschen zu beurteilen, über sie zu urteilen,
dazu sind wir, leider, oft schnell bereit.
Wir sehen, was andere offensichtlich falsch machen –
und drücken ihnen unseren Stempel auf.
Doch Urteilen – das ist Gottes Sache allein.
Paulus hat das in seinem Brief an die Römer im 14. Kapitel
so aufgeschrieben:

Evangelium | *Lukas 6,36–42*

Ein vorschnelles Urteil über seine Mitmenschen sprechen –
das ist herzlos und tut weh.
Die eigenen Fehler erkennen und berichtigen –
das tut meistens noch mehr weh.
Aber so beginnt etwas Neues.

Barmherzigkeit heißt: Für andere ein Herz haben.
Jesus Christus macht uns deutlich,
wie wohltuend Barmherzigkeit ist.

Lukas berichtet davon in seinem Evangelium im 4. Kapitel.

Hinweise zur Liturgie

Liturgische Farbe: grün.
Psalm 42,2–12.

Lieselotte Beermann

5. Sonntag nach Trinitatis

Die Texte dieses Sommersonntags thematisieren im weiteren Sinne die Nachfolge.
Der Wochenspruch unterstreicht, dass auch sie Gottes Gnadengabe ist.

Wochenspruch

Aus Gnade seid ihr selig geworden durch den Glauben;
und das nicht aus euch; Gottes Gabe ist es. Epheser 2,8

Lesung aus dem Alten Testament | *1. Mose 12,1–4a*

Wenn wir in den Urlaub aufbrechen,
sind wir meist gespannt und voller Vorfreude.
Bei anderen Neuanfängen im Leben gibt es da schon
gemischtere Gefühle: Wie wird es werden?
Manchmal fürchten wir uns gar vor dem neu zu gehenden Weg.
In der heutigen Lesung aus der Hebräischen Bibel mutet Gott
Abraham einen Neuanfang zu.
Gott gibt ihm ein Versprechen,
woraufhin er, ohne zu zögern, aufbricht.
Dieses Versprechen gilt bis heute und auch für uns.
Hören wir auf den Beginn der sogenannten Vätergeschichten
aus dem 1. Buch Mose, Kapitel 12:

Epistel | *1. Korinther 1,18–25*

Ein Kreuz an der Halskette ist ein gern getragenes Schmuckstück.
Doch was dahintersteckt, ist nicht gerade Superstar-verdächtig.
Da ist einer am Kreuz jämmerlich gestorben.
Manchen erscheint es unsinnig,
sich an eine solch gescheiterte Existenz zu halten.

Paulus bestätigt der erst wenige Jahre alten Gemeinde in Korinth:
Das Wort vom Kreuz ist für viele eine Torheit.
Gott hat die gängigen Maßstäbe auf den Kopf gestellt.
Und dieser scheinbare Unsinn erweist sich für uns Glaubende
als sehr tragend.
So schreibt Paulus im 1. Korintherbrief, Kapitel 1:

Evangelium | *Lukas 5,1–11*

Manchmal möchten wir aufgeben.
Unsere Erfahrung sagt: Das bringt doch nichts!
Auch Petrus sagt zu Jesus: Das bringt doch nichts!
Warum noch mal rausfahren,
wenn wir die ganze Nacht schon nichts gefangen haben?!
Dennoch: Jesus fährt mit ihm und den anderen Fischern ins Tiefe.
Und als Petrus zurückkommt,
weiß er genau, was er will und was er zu tun hat.
Bei Lukas lesen wir im 5. Kapitel:

Hinweise zur Liturgie

*Zu überlegen ist, ob für die Epistellesung die leichter verständliche Gute Nachricht
oder die Übersetzung von K. Berger und Ch. Nord gewählt wird.*

Liturgische Farbe: grün.
Psalm 73,14.23–26.28.

Ulrike Schimmelpfeng

6. Sonntag nach Trinitatis

*Ein Sonntag rund um die Taufe – zwischen Tauf- und Missionsbefehl und der
Theologie des Paulus: Wenn wir getauft sind, dann sind wir mit Christus in den
Tod hinabgestiegen und auferstanden. Der Tod kann uns nichts mehr anhaben. –
Das alles ist eingebunden in die Zusage Gottes, die im Wochenspruch (und in
Psalm 139) schön zum Ausdruck kommt: Fürchte dich nicht.*

*Die Frage bleibt, wie einer sommerlichen Taufgemeinde (in der Regel nicht
gerade besonders »kerngemeindenah«) so eine Theologie nahezubringen ist.*

Wochenspruch

*So spricht der Herr, der dich geschaffen hat:
Fürchte dich nicht, denn ich habe dich erlöst;
ich habe dich bei deinem Namen gerufen;
du bist mein. Jesaja 43,1*

Lesung aus dem alten Testament | *Jesaja 43,1–7*

»Woran du dein Herz hängst und worauf du dich verlässt,
das ist eigentlich dein Gott«, sagt Martin Luther.
Der Prophet Jesaja macht uns Mut,
unser Herz an ein unverbrüchliches Versprechen zu hängen,
an das Versprechen unseres Schöpfers, der zu uns sagt:
»Du bist und bleibst mein Kind.«
Im 43. Kapitel des Jesaja heißt es:

Epistel | *Römer 6,3–8(9–11)*

Vielleicht haben Sie schon einmal ein Kind zur Welt gebracht
oder waren bei einer Geburt dabei.
Das ist eine Erfahrung, die uns an die Grenze führt,
an die Grenze des Lebens und des Todes.
Auch auf den Namen Jesu Christi getauft zu werden,
bedeutet nicht nur »eitel Sonnenschein«.

Die Taufe nimmt uns vielmehr hinein in die Dramatik
von Karfreitag und Ostern.
Unser alter Mensch wird ersäuft und ein neuer geboren.
Diese »steile« Behauptung entfaltet Paulus im 6. Kapitel
des Römerbriefes.

Evangelium | *Matthäus 28,16–20*

Was ist der zentrale Auftrag der christlichen Kirche?
Auf diese Frage bekommen wir heute viele Antworten.
Jesus selbst hat sich dazu klar geäußert.
Am Ende des Matthäusevangeliums,
wo das Entscheidende nochmals zusammengefasst ist,
gibt er uns den Auftrag, seine frohe Botschaft weiterzusagen
und Menschen auf den Namen des dreieinigen Gottes zu taufen.
Und das Beste ist: Er verspricht uns, immer dabei zu sein.

Hinweise zur Liturgie

Liturgische Farbe: grün.
Psalm 139,1–16.23–24.

Jochen Arnold

7. Sonntag nach Trinitatis

*Von der Taufe (6. Sonntag nach Trinitatis) zum Abendmahl: Das Wunder des
Lebens, dieses »Geheimnis der Theologie« wurzelt nicht erst in der »Lektion
Abendmahl«, sondern in der Lebenserfahrung mit Jesus (Johannes 15). Zielpunkt:
das gemeinsame Leben, nicht mehr als »Gäste und Fremdlinge«, sondern als
»Gottes Hausgenossen«.*

Wochenspruch

*So seid ihr nun nicht mehr Gäste und Fremdlinge,
sondern Mitbürger der Heiligen
und Gottes Hausgenossen. Epheser 2,19*

Lesung aus dem Alten Testament

| *2. Mose 16,2–3.11–18*

»Unser tägliches Brot gib uns heute!« beten wir im Vaterunser.
Glauben wir das eigentlich,
dass Gott uns versorgt,
dass er sich täglich neu um uns kümmert?
Eine (alte) Geschichte aus dem 2. Buch Mose, Kapitel 16,
erzählt von beidem,
wie Gott sein Volk versorgt,
und wie Menschen damit umgehen.

Epistel | *Apostelgeschichte 2,41a.42–47*

Was passiert, wenn Menschen zum Glauben an Jesus Christus kommen?
Was kommt in Bewegung, wenn Menschen sich taufen lassen?
Von der Dynamik und Ausstrahlung christlicher Gemeinschaft
erzählt uns Lukas im 2. Kapitel seiner Apostelgeschichte.
Er malt uns ein eindrückliches Bild von dem,
was christlichen Gottesdienst und kirchliches Leben attraktiv macht –
am Sonntag und im Alltag.

Evangelium | *Johannes 6,1–15*

Immer mehr Menschen auf dieser Welt haben Hunger.
Hunger nach Brot,
Hunger nach Erfüllung,
Hunger nach Leben.
Jesus sagt von sich:
Ich bin das Brot des Lebens.
Wie sich das ereignet,
wie man das schmecken und sehen kann,
erzählt Johannes im 6. Kapitel seines Evangeliums.

Hinweise zur Liturgie

Liturgische Farbe: grün.
Psalm 107,1–9 oder 139,1–16.23–24.

Jochen Arnold

8. Sonntag nach Trinitatis

Das sind die Kennzeichen christlicher Gemeinde: Salz der Erde, Licht der Welt, Umschmieden von Waffen zu nützlichem Gerät. – »Leben aus dem Licht«: Die Sprache der Lichter begegnet uns bei den traditionell »weißen« Festen des Kirchenjahres. Ob Osternacht oder Weihnachtsgottesdienst: Kerzen predigen vom Sieg des Lichtes über die Finsternis. Mitten im Sommer, am 8. Sonntag nach Trinitatis, steht wieder das Licht-Motiv im Mittelpunkt. Dabei kann das Licht der Taufkerze die einzelnen liturgischen Textelemente aufeinander beziehen und deuten.

Der Wochenspruch formuliert eine ausgesprochen anspruchsvolle Erwartungshaltung gegenüber den Getauften der Gemeinde. Darin verdichten sich Zuspruch und Anspruch. Wer sein Leben im Licht der Taufkerze versteht, wird in innerer Konsequenz ein verantwortliches Leben nach christlichen Maßstäben leben.

Wochenspruch

Lebt als Kinder des Lichts;
die Frucht des Lichts ist lauter Güte
und Gerechtigkeit und Wahrheit. Epheser 5,8b.9

Lesung aus dem Alten Testament | *Jesaja 2,1–5*

Wenn ich meinen Weg nicht finden kann:
Woran soll ich mich orientieren?

Der Prophet Jesaja sieht einen Berg,
der in einer fernen Zukunft einmal alles überragen wird.
An ihm werden sich die Völker orientieren.
Alle Wege führen nach Zion, zu diesem Gottesberg.

Diese Wege werden Friedenspfade sein.
Für Schwerter, für Panzer ist da kein Platz mehr!
Kriegsgerät wird zum Leben helfen.
Aus Schwertern werden Pflugscharen.
Aus Helmen Kochtöpfe.
Aus Kanonenkugeln Orgelpfeifen.

Wenn die Phantasie mit hellen Farben malt,
entsteht eine neue Welt.

Und das Licht des zukünftigen Friedensreiches
wirft seine Strahlen weit voraus.

Die Vision des Propheten finden wir im 2. Kapitel des Jesajabuchs.

Epistel | *Epheser 5,8b–14*

Manchmal ist das Leben unheimlich kompliziert.
Dann wieder sind Entscheidungen auch ganz simpel.

Vom Licht Gottes beschienen, wird vieles klarer.
Glasklar.

Am Tauftag hat Gott sein Licht in unseren Herzen angezündet.
Jetzt können wir leben als Lichtmenschen.
Das ist Taufgeschenk und Lebensaufgabe zugleich.

Der Abschnitt aus dem Epheserbrief
rüttelt getaufte Christenmenschen auf,
schüttelt sie wach.
Wir reiben uns die Augen im göttlichen Licht
und finden unseren Weg.
Das Zwielichtige liegt hinter uns.
Gott sei Dank!

Davon lesen wir im 5. Kapitel des Epheserbriefes.

Evangelium | *Matthäus 5,13–16*

Gott hat etwas vor mit uns.
Was er angefangen hat,
was er in uns angezündet hat,
das will sich ausbreiten –
wie eine ansteckende Gesundheit.

Die Familie Gottes lebt auf dem Marktplatz,
flaniert in der Öffentlichkeit.
Wer wollte sich auch verstecken,
wenn das Feuer des Geistes im Herzen brennt?

Was den Christen gelingt, mit Gottes Hilfe,
das lobt und preist den Allmächtigen.
Unser Leben spiegelt sich im Himmel.
Lassen wir es leuchten!

In der Bergpredigt hören wir,
wie viel Jesus uns zutraut,
aber auch, was er von den Seinen erwartet.

Das steht bei Matthäus im 5. Kapitel.

Hinweise zur Liturgie

Wolfgang Longardts Lied »Tragt in die Welt nun ein Licht« (EG 539 Nordelbischer Anhang) kann gut, trotz adventlichem Anklang oder auch deswegen, gesungen werden.

Liturgische Farbe: grün.
Psalm 48,2–3a.9–11. – Siehe auch Psalm 18 in der Übertragung von Hanns Dieter Hüsch »Ich stehe unter Gottes Schutz«, in: Hanns Dieter Hüsch / Uwe Seidel, Psalmen für Alletage, S. 9).

Friedemann Magaard

Erst mit der großen Stille
fängt die Seele an zu schreiben
und lässt uns sanft und sicher werden
und sorgt dafür,
dass unsre Augen milde bleiben.

Nun wanderst du und setzt den Fuß aufs Ländliche,
das dich und dein Gemüt erhält.
Der Riesenwahn, das Unverständliche,
sie fliehn vor deinem Gang,
und Flur und Feld begegnen dir so schwesterlich,
so alt und ungebrochen,
als hätten Tier und Pflanze das erste Wort gesprochen.

Die Stille ists, die überlebt.
Dem Baum, der schweigt,
ist tiefer zu vertrauen als allen Redensarten,
als allen Zungen, die sich laut vermischen.
Es ist die Stille, die zur Kunst entfacht,
Geschichte macht,
solang,
bis wir den Schmerz von unsren Stirnen wischen.

Hanns Dieter Hüsch

9. Sonntag nach Trinitatis

Jede Gabe ist eine Aufgabe. Gott hat uns reich ausgestattet. Und sendet uns,
auch wenn wir uns dazu nicht reif fühlen – wie Jeremia in der Berufungsgeschichte.
Aber wir können und sollen mit unseren Begabungen »wuchern«, die Geschenke
Gottes »einsetzen«. So wird aus wenig viel – nach dem Motto: »Ich verhehle
deine Güte und Treue nicht vor der großen Gemeinde« (Psalm 40,11b).

Wochenspruch

Wem viel gegeben ist, bei dem wird man viel suchen;
und wem viel anvertraut ist,
von dem wird man umso mehr fordern. Lukas 12,48

Lesung aus dem Alten Testament | *Jeremia 1,4–10*

Es gibt einen, der uns besser kennt als wir selbst:
Gott, der uns geschaffen hat, wie wir sind.
Unserem Zweifel setzt er seinen Zuspruch entgegen.

Jeremia, der Prophet, fühlt sich seiner Aufgabe nicht gewachsen.
Sollte Gott nicht einen wählen,
der erfahrener und älter ist?
Gott aber erklärt Jeremia,
was seine Gabe und Aufgabe ist.
Wir hören aus dem 1. Kapitel des Buches Jeremia:

Epistel | *Philipper 3,7–11(12–14)*

In jedem Leben gibt es Wendepunkte,
an denen Neues in den Vordergrund tritt
und alte Werte ablöst.
Die Vergangenheit erscheint in einem kritischen Licht.
Andere Ziele werden wichtig.
Auf einer solchen Schwelle des Lebens befindet sich Paulus.
Im Brief an die Gemeinde in Philippi, Kapitel 3,
zieht er selbstkritisch Bilanz.

Evangelium | *Matthäus 25,14–30*

Wenn ich sehe, wie viel Talent andere mitbekommen haben,
spüre ich manchmal Neid.
Ich schmolle. Ich vergrabe mich.
Und ich spüre: Mich mittelmäßig und klein zu fühlen,
frisst meine Energie.

Jesus tritt dieser Haltung entgegen.
Für ihn besteht kein Zweifel, dass jeder Mensch begabt ist
und dass jede Gabe Gottes eine Aufgabe enthält.
Entscheidend ist, zu erkennen, was man hat.
Die eigenen Talente nicht verkümmern zu lassen.
Im 25. Kapitel des Matthäusevangeliums ermutigt Jesus,
aktiv zu werden.

Hinweise zur Liturgie

Liturgische Farbe: grün.
Psalm 40,9–12 oder Psalm 139,1–16.23–24.

Ulrike Fuchs

10. Sonntag nach Trinitatis   *Israelsonntag*

*Am 10. Sonntag nach Trinitatis, dem Israelsonntag, bedenkt die christliche
Gemeinde ihre Wurzel im biblischen Israel und ihre bleibende Beziehung zum
Judentum bis heute. Mit Paulus bezeugt sie: »Hat denn Gott sein Volk verworfen?
Keineswegs!« Mit dem ersterwählten Volk Gottes stimmt sie ein in das Lob
des Gottes, dessen Gaben und Berufungen unwiderruflich sind.*

*Mit dem Erscheinen des Evangelischen Gottesdienstbuches wurden für diesen
Sonntag Bibeltexte ausgewählt, die dem Sonntag eine weniger missverständliche
Prägung geben.*

Wochenspruch

*Wohl dem Volk, dessen Gott der Herr ist,
dem Volk, das er zum Erbe gewählt hat. Psalm 33,12*

Lesung aus dem Alten Testament | *2. Mose 19,1–6*

Wie auf Adlerflügeln – so hat Gott das Volk Israel
aus der Knechtschaft Ägyptens gerettet.
Am Berg Sinai beginnt ein neuer Abschnitt seiner Geschichte:
Gott erwählt das Volk zu seinem Partner:
Es soll seinen Weisungen folgen
und sein besonderes Eigentum sein.
Wir hören aus dem 2. Buch Mose, Kapitel 19:

Epistel | *Römer 9,1–8.14–16*

Paulus ist innerlich zerrissen.
Die Mehrzahl seiner jüdischen Zeitgenossen folgt ihm nicht im Glauben
an den auferweckten Christus.
Dabei haben sie alle Vorrechte und Gaben Gottes:
Mit ihnen hat er seinen Bund geschlossen,
ihnen hat er die Weisung der Schrift gegeben
und den Gottesdienst, samt allen Verheißungen.
Was Gott einmal zugesagt hat, das hält er;
das ist wichtiger als alle Differenzen im Glauben.
Darüber preist Paulus den einen Gott, der Gott ist über allem.
Hören wir Verse aus dem Römerbrief im 9. Kapitel:

Evangelium | *Markus 12,28–34*

Gibt es einen Kompass im Wort Gottes?

Einen, der uns hilft,

zwischen Wichtigem und weniger Wichtigem zu unterscheiden?

Und welcher ist das?

Jesus antwortet auf diese Frage mit dem jüdischen Glaubensbekenntnis:

»Höre Israel, der Herr, unser Gott, ist Einer«.

Dieses Bekenntnis verbindet er mit dem Gebot der Nächstenliebe.

Zusammen ist das der Kompass.

Darüber sind sich Jesus und der Schriftgelehrte einig.

Das verbindet Christen und Juden bis heute.

Das Evangelium steht bei Markus im 12. Kapitel.

Hinweise zur Liturgie

An diesem Sonntag kann ein besonderer Akzent durch die liturgische Farbe gesetzt werden. Wird die christliche Feindschaft gegenüber Juden angesprochen, kann statt des Grün der Trinitatiszeit auch das Violett der Bußtage gewählt werden (so schon das Ev. Gottesdienstbuch, S. 450). Denkbar ist auch das Rot, die Farbe des Heiligen Geistes, der Apostel, Evangelisten und Lehrer der Kirche, um zu zeigen, von welcher Wurzel wir Getauften aus der Völkerwelt leben: »So seid ihr nun nicht mehr Gäste und Fremdlinge, sondern Mitbürger der Heiligen« (Epheser 2).

Eine veränderte liturgische Farbe sollte im Gottesdienst erläutert werden. Der Vers aus dem Epheserbrief kann auch gut als Votum o.ä. im Gottesdienst verwendet werden.

»Die Christenheit ist bleibend mit Israel als dem erstberufenen Gottesvolk verbunden«, heißt es im siebenten Grundkriterium des Evangelischen Gottesdienstbuches (S. 16). Wie das Kriterium nicht nur am »Israelsonntag«, sondern auch an jedem anderen Sonntag liturgisch »umgesetzt« werden kann, zeigt das Buch von Alexander Deeg (Hg.), Der Gottesdienst im christlich-jüdischen Dialog, Liturgische Anregungen, Spannungsfelder, Stolpersteine – mit Textbausteinen unter diesem Aspekt zu allen Sonntagen des Kirchenjahres.

Auch in «sinfonia oecumenica» sind verschiedene Liturgien mit der Zielrichtung aufgenommen, u.a. zum Shoa-Gedenktag (27.1.) »Das Geheimnis der Erlösung heißt Erinnerung« (S. 814ff) und »Lobe mit Sarah und Abraham«, eine Liturgie zum Israelsonntag, die nicht allein die benannte Ausrichtung, sondern auch das palästinensische Anliegen zur Sprache bringt. Gottesdienstentwürfe zum Israel-Sonntag stehen zur Verfügung unter www.kirchliche-dienste.de. Dort findet man auch einen jugendgemäßen Gottesdienst zur Mesusa bzw. zum »Sch'ma Israel«, in: Gottesdienstentwürfe zur Ökumenischen Dekade 3.

Liturgische Farbe: grün (oder: s.o.).
Psalm 74,1–3.8–11.20–21 oder Psalm 139,1–16.23–24.

Wolfgang Raupach-Rudnick

11. Sonntag nach Trinitatis

Es ist eine menschliche Erfahrung, dass die Schuld des anderen klar erkannt wird, während der Blick für die eigene Schuld oft getrübt ist. Die Erzählung aus dem Alten Testament bringt das auf den Punkt mit dem Ausruf »Du bist der Mann!«. Die eigene Demut – als einzige angemessene Haltung des Menschen Gott gegenüber – ist Thema des Sonntags. So betont die Epistel: Aus Gnade seid ihr selig geworden. Das Evangelium vom Pharisäer und Zöllner kehrt die Verhältnisse um: Der sich rühmt, wird gedemütigt, der Demütige wird gerühmt.

Wochenspruch

Gott widersteht den Hochmütigen,
aber den Demütigen gibt er Gnade.   1. Petrus 5,5

Lesung aus dem Alten Testament
| *2. Samuel 12,1–10.13–15a*

Die Schuld des anderen sticht ins Auge.
Die eigene wird nicht gesehen.
Gott hält uns Menschen einen Spiegel vor Augen:
Du bist es, über den du urteilst.
Einmal hat Gott seinen Propheten Nathan zum König David geschickt,
um ihm einen Spiegel vorzuhalten.
König David hatte sich in Batseba verliebt und ihren Mann,
seinen Feldherrn Uria, absichtlich an die vorderste Front geschickt,
um ihn loszuwerden.
Hören wir Worte aus dem 2. Samuelbuch im 12. Kapitel:

Epistel | *Epheser 2,4–10*

Nicht aus eigener Kraft sind wir Christinnen und Christen,
denn Glaube ist und bleibt ein Geschenk.
Der Verfasser des Epheserbriefes findet dafür deutliche Worte.
Hören wir, was er im 2. Kapitel schreibt:

Evangelium | *Lukas 18,9–14*

Gut, dass ich nicht so bin wie der da!
So ein Satz schleicht sich manchmal heimlich in unsere Gedanken.
Und meistens nicht gerade in unseren besten Zeiten.
Vielleicht verbirgt sich dahinter eine große Verunsicherung.
Wenn andere noch schlechter sind als ich,
kann ich mich ein bisschen besser fühlen.
Dazu erzählt Jesus ein Gleichnis –
im 18. Kapitel des Lukasevangeliums.

Hinweise zur Liturgie

Liturgische Farbe: grün.
Psalm 113,1–8.

Anne Riemenschneider

12. Sonntag nach Trinitatis

Menschen, die keine Chance zu haben scheinen, hat Gott besonders ins Herz geschlossen. Und gerade das, was aussichtslos erscheint, kann bei ihm zum Erfolg führen. Sogar wenn einer vollkommen in die Irre läuft, geschieht es manchmal, dass er am Ende auf dem rechten Weg landet.

Prinzip Hoffnung könnte man das nennen, was hinter den Lesungen dieses Sonntags steht und auch im Spruch des Tages seinen Ausdruck findet – oder – wie es im Evangelium heißt: Effata – öffne dich.

Wochenspruch

Das geknickte Rohr wird er nicht zerbrechen, und den glimmenden Docht wird er nicht auslöschen. Jesaja 42,3

Lesung aus dem Alten Testament | *Jesaja 29,17–24*

Oft genug führen die Armen ein aussichtsloses Leben.
Taube und Blinde werden alleingelassen.
Das Recht wird verbogen.
Seit Menschengedenken stehen die Dinge so auf dieser Welt.
Genauso alt aber ist die Sehnsucht nach Gerechtigkeit.
Die Sehnsucht nach einer Welt, in der es besser sein wird.
Der Prophet Jesaja hat die Vision von Gottes neuer Welt vor Augen.
Im 29. Kapitel findet er wunderschöne Worte
für die göttliche Verheißung.

Epistel | *Apostelgeschichte 9,1–9(10–20)*

Bei Gott ist nichts unmöglich.
Aus einem blinden Fanatiker formt Gott sich
einen der besten Mitarbeiter.
So geschieht es beim Apostel Paulus.
Allerdings muss er durch die Dunkelheit hindurch.
Er muss in doppelter Hinsicht seine Blindheit überwinden.
Erst danach sieht er das Licht und den Sinn.
In der Apostelgeschichte lesen wir im 9. Kapitel,
wie Saulus zu Paulus wird.

Evangelium | *Markus 7,31–37*

Manchmal fühle ich mich ganz und gar alleingelassen.
Abgeschnitten von der Außenwelt –
vollkommen auf mich selbst gestellt.
Fast so wie jener Taubstumme, der Jesus begegnet.
Jesus kann helfen. Er holt ihn zurück ins Leben.
Kommt ihm ganz nah.
Er reißt die Mauern ein, die zwischen dem Taubstummen und der
Gemeinschaft stehen.
Effata – Tu dich auf!
Hört das Evangelium bei Markus im 7. Kapitel.

Hinweise zur Liturgie

Liturgische Farbe: grün.
Psalm 147,1–3.11–14a oder Psalm 113,1–8.

Torsten Kröncke

13. Sonntag nach Trinitatis

Wer ist mein Nächster? – In der langen Trinitatiszeit kann der 13. Sonntag für die am Gottesdienst Teilnehmenden dadurch besonderen Glanz bekommen, dass er als »Diakoniesonntag« des Kirchenjahres gefeiert wird. Evangelium und Epistel bieten sich als Anknüpfungspunkte an.

Zu berücksichtigen ist dabei, dass sich christliche Diakonie nicht in der Zuwendung zu den sozialen Nöten eines Menschen erschöpft, sondern auch dessen geistliches Elend wahrnimmt und zu lindern versuchen wird.

Mögliches Thema: Tun, was Gottes Liebe entspricht.

Wochenspruch

Jesus Christus spricht:
Was ihr getan habt einem von diesen meinen geringsten Brüdern,
das habt ihr mir getan. Matthäus 25,40

Lesung aus dem Alten Testament | *1. Mose 4,1–16a*

Es gibt Erzählungen in der Bibel,
die nicht als historische Geschichten gehört werden wollen.
Das, was zwischen Kain und seinem Bruder Abel geschah,
ist so eine Erzählung.
Diese Geschichte liegt nicht hinter uns,
sondern spielt sich so oder ähnlich in unser aller Leben ab.
Beachtenswert ist: Bereits in der Art, wie Gott Kain behandelt,
blitzt Liebe zu uns Menschen auf – trotz aller Schuld.
So steht es geschrieben im 1. Mosebuch im 4. Kapitel.

Epistel | *1. Johannes 4,7–12*

Die Liebe ist das Wesen Gottes.
In Jesus Christus hat diese Liebe ein Gesicht bekommen.
Diese Liebe soll auch das Wesen der Christen und Christinnen prägen.

Insbesondere durch die Liebe untereinander
soll sich die christliche Gemeinde auszeichnen.
Das wird uns im 1. Johannesbrief ans Herz gelegt.
Wir hören Worte aus dem 4. Kapitel.

Evangelium | *Lukas 10,25–37*

Jesus gibt ein Beispiel dafür, was es heißt, seinen Nächsten zu lieben:
Hinsehen statt wegsehen.
Stehen bleiben statt weiter gehen.
Sich zuwenden statt sich abwenden.
Jesus erzählt das nicht nur – er lebt das auch.
Die Geschichte vom barmherzigen Samariter spiegelt auch
die Geschichte Jesu.
So hat er gelebt.
Darum hat er gelitten.
Deshalb ist er gestorben.
Wir hören das Evangelium für den heutigen Sonntag
bei Lukas im 10. Kapitel.

Hinweise zur Liturgie

*Das Ev. Gottesdienstbuch bietet unter »Fürbittengebet Form 2« ein besonderes
»Diakonisches Gebet« (S. 571ff).*
   *Vom Diakonischen Werk werden regelmäßig Liturgieentwürfe für diesen
13. Sonntag nach Trinitatis erstellt und angeboten: »danken und dienen«
(Diakonisches Werk der EKD – www.diakonie.de).*
   *Auch vom Hannoverschen Diakonischen Werk erscheint jährlich ein Gottes-
dienstentwurf, im Jahr 2003 z.B. »Sonntag der Diakonie 2003 – Anregungen
zum Gottesdienst« (www.diakonie-hannovers.de).*

Liturgische Farbe: grün.
Psalm 112,5–9 oder Psalm 113,1–8.

Heino Masemann

14. Sonntag nach Trinitatis

Der Sonntag steht unter dem Thema des Dankens. Wenige Sonntage vor Ernte-
dankfest Gelegenheit, das Danken jenseits von Schöpfung und Erntedank zu
meditieren.
Der Wochenspruch eröffnet das Thema mit dem vertrauten Psalm 103. Wer das
Gute in seinem Leben vergisst, dem bleibt nur die Verzweiflung. Darum lobe den
Herrn und vergiss nicht.
Stichworte: Erinnerung bewahrt vor Undank und Resignation.

Wochenspruch

Lobe den Herrn, meine Seele,
und vergiss nicht, was er dir Gutes getan hat. Psalm 103, 2

Lesung aus dem Alten Testament | *1. Mose 28,10–19a*

Jakob hat seinen Bruder Esau und seinen Vater Isaak betrogen.
Voller Angst flieht er vor ihnen.
Nachts hört er Gottes Zuspruch im Traum.
Gott ist auch da, wo wir es nicht wissen.
Gott segnet uns, auch wenn wir es nicht verdient haben.
Wir hören seine Geschichte,
seinen Traum von der Himmelsleiter
und seine Gotteserfahrung –
im 1. Mosebuch, Kapitel 28.

Epistel | *Römer 8,(12–13)14–17*

Kinder sind wir, ohne dass wir etwas dazu tun müssen.
Auch wenn wir etwas falsch machen,
verlässt die Liebe uns nicht.
Wir sind keine Knechte.
Die müssen tun, was andere ihnen sagen.

Mit dem Vergleich von Kind und Knecht dankt der Apostel Paulus
Gott für seine Zuwendung zu uns.
Im Brief an die Gemeinde in Rom im 8. Kapitel, Verse 14–17,
schreibt er:

Evangelium | *Lukas 17,11–19*

Alles, wovon wir leben, haben wir nicht selbst gemacht:
das Brot, die Liebe, die Hoffnung,
das Vertrauen, die Vergebung nicht.
Auch die Gesundheit ist uns geschenkt.
Das spüren wir rasch, wenn wir um uns schauen.
Von einem Menschen, der dankbar ist,
weil Jesus ihn geheilt hat,
erzählt der Evangelist Lukas.
Im 17. Kapitel seines Evangeliums steht das, in den Versen 11–19.

Hinweise zur Liturgie

Wenn im Gottesdienst Abendmahl gefeiert wird:
Nehmen und weitergeben, das ist das Wesen des Abendmahls, zugleich ein Bild
für das menschliche Leben. Zwischen Nehmen und Weitergeben steht das Danken.
»Er nahm, brach, dankte und teilte aus« heißt es von Christus bei der Sättigung
der 5.000 und beim letzten Abendmahl.

Liturgische Farbe: grün.
Psalm 146.

Heinz Behrends

15. Sonntag nach Trinitatis

Konfirmandinnen und Konfirmanden legen sich die nicht gelernten Vokabeln unter das Kopfkissen in der Hoffnung, die Nacht werde irgendein Wunder vollbringen. Erwachsene wachen morgens auf und haben keinen Grund aufzustehen, denn Arbeit haben sie ohnehin nicht. Junge Menschen sorgen sich um die Altersversorgung, Alte sorgen sich um die Zuneigung der Kinder, die sich schon längst nicht mehr blicken lassen ... Der Grat zwischen echtem Trost und liebloser Vertröstung im Angesicht gegenwärtiger Sorgen ist schmal. Es ist der Grat zwischen dem Psalm des Sonntags »Den Seinen gibt's der Herr im Schlaf« und dem oft gehörten »Es wird schon ...«.

Die Texte des Sonntags können echten Trost anbieten. Durch den Blick auf die Geschöpflichkeit der Menschen einerseits, durch den Blick auf die Aufgabe der Menschen in dieser Welt andererseits.

Beide Aspekte gehören zusammen: »Trachtet zuerst nach dem Reich Gottes und seiner Gerechtigkeit, so wird euch das alles zufallen.«

Wochenspruch

Alle eure Sorgen werft auf ihn;
denn er sorgt für euch. 1. Petrus 5,7

Lesung aus dem Alten Testament

| *1. Mose 2,4b–9(10–14)15*

Manchmal sind meine Sorgen eine echte Last.
Wie soll ich das alles schaffen?
»Alle eure Sorgen werft auf ihn; denn er sorgt für euch.« –
so heißt es im Wochenspruch.
Doch: Wer ist der, der so für mich sorgen könnte?
Im 1. Buch Mose im 2. Kapitel wird von Gott erzählt,
von Gott, der alles geschaffen hat,
Himmel und Erde, und dich und mich.
Gott hat eine freundliche Welt um uns gestaltet.
Hören wir, wie Gott sich unser Leben gedacht hat:

Epistel | *1. Petrus 5,5c–11*

Wir Menschen leben schon lange nicht mehr im Garten Eden.
Eher dort, wo der Teufel umhergeht wie ein brüllender Löwe.
Wie können wir leben zu unserer Zeit?
Wie wird Gott hier und heute für uns sorgen?
Die Worte des 1. Petrusbriefes, Kapitel 5, wollen Mut machen:
Sie erzählen davon, wie Gott uns auf die Erde gründet
und zum Himmel hin aufrichtet.

Evangelium | *Matthäus 6,25–34*

Den Blick öffnen, weiter sehen.
Weiter sehen als diejenigen, die keinen Gott haben.
Das mutet Jesus uns zu.
Unser Leben ist viel mehr als nur die eigene Sorge,
und Gottes Sorge für uns reicht viel weiter,
als wir es sehen können.
Hört Worte aus der Bergpredigt bei Matthäus im 6. Kapitel:

Hinweise zur Liturgie

*Eigentlich bin ich nicht die allergrößte Freundin von »Zettelwirtschaft« im Gottes-
dienst. Zum Thema des Sonntags aber könnte es eine gute Möglichkeit sein, persönliche Fürbitten der Gemeinde aufzunehmen und einzubeziehen in ein großes
Fürbittengebet – wie es zum Beispiel in der »Thomasmesse« regelmäßig geschieht
(beschrieben in: Tilmann Haberer, Die Thomasmesse, S.61f).*

Liturgische Farbe: grün.
Psalm 127,1–2 oder Psalm 146.

Constanze Maase

16. Sonntag nach Trinitatis

Angst hat mit Enge zu tun: Wo ich eingeklemmt, meiner Freiheit beraubt bin,
keinen Ausweg sehe, da packt mich die Angst. In entsprechenden Alpträumen
begegnen uns heute immer öfter auch Todkranke oder chronisch Bettlägerige,
die sich ohne fremde Hilfe wund liegen. Ist das unsere Zukunft?

In den Texten des Sonntags spielt das Gefängnis (Epistel) ebenso eine zentrale
Rolle wie die Begegnung mit dem Tod (alttestamentliche Lesung) und die Erfah-
rung von Ausweglosigkeit (Evangelium). Dagegen wird Christus als der gepredigt,
der mich aus der Enge in die Weite führen wird. Das gibt Geduld und Kraft,
bestehende Einschränkungen zu ertragen und in ihnen nach unentdeckten Spiel-
räumen zu suchen.

Thema: Gegen die Todesangst.

Wochenspruch

Jesus Christus hat dem Tode die Macht genommen
und Leben und ein unvergängliches Wesen ans Licht gebracht
durch das Evangelium. 2. Timotheus 1,10

Lesung aus dem Alten Testament
| *Klagelieder 3,22–26.31–32*

Wir warten nicht gern.
Warten scheint vergeudete Zeit.
Aber Warten kann auch Kräftesammeln heißen,
Nachdenken über hoffnungsvolle Verbesserungen.
Unsere Bibel nennt solch aktives Warten »harren«.
Wer auf Gott »harrt«,
bereitet sich auf eine Begegnung mit ihm vor.
Und dabei gibt es Dinge zu entdecken,
die über das bloße Warten weit hinausführen.
Hören wir, welche tröstlichen Entdeckungen der Prophet Jeremia
in seinen Klageliedern niedergeschrieben hat.
Sie stehen im 3. Kapitel.

Epistel | *2. Timotheus 1,7–10*

Ich mache mich für etwas stark, sagen wir. Das meint:
Ich stehe persönlich für etwas ein, das Unterstützung braucht.
Manchmal habe ich allerdings das Gefühl,
ganz allein dazustehen.
Dann genügt es nicht, dass ich mich stark mache.
Ich stehe das allein nicht durch.
Wenn die Bibel vom Heiligen Geist redet, dann meint sie:
Kraft von außen, von Gott.
Sie macht mich stark, so dass ich mich stark machen kann.
Für die Sache Gottes in dieser Welt.
Hören wir, wie Timotheus vom Apostel Paulus
an diese Kraft erinnert wird.
Das ist aufgeschrieben im 2. Brief an Timotheus im 1. Kapitel.

Evangelium | *Johannes 11,1(2)3.17–27(41–45)*

Krankheit und Tod sind Erfahrungen,
in denen wir das Leben plötzlich anders sehen.
Was vorher wichtig war, spielt auf einmal gar keine Rolle mehr.
Und umgekehrt: Jetzt wird manches sichtbar,
was wir vorher gar nicht wahrgenommen haben.
Sind Glück und Unglück zwei verschiedene Wirklichkeiten?

Lazarus, ein guter Freund Jesu, ist plötzlich schwer erkrankt.
Seine Schwestern Maria und Martha fragen sich:
Kann die Freundschaft aus unbeschwerten Tagen
ihnen jetzt noch helfen? Sie bitten Jesus zu kommen.
Hören wir, was im Johannesevangelium, Kapitel 11, erzählt wird.

Hinweise zur Liturgie

Liturgische Farbe: grün.
Psalm 68,1–7a.20-21 oder Psalm 146.

Zu Psalm 68 gibt es eine Psalmmeditation in:
Klaus von Mering, Deine Güte reicht, so weit der Himmel ist.
Quell Verlag Stuttgart 1989, S. 122f.

Klaus von Mering

17. Sonntag nach Trinitatis

Glauben heißt: Nicht auf die eigene Kraft bauen. Aber gerade solcher Glaube macht stark. Um diese innere Spannung kreisen die Texte des Sonntags: Die Evangelienlesungen (d.h. auch die Predigttexte) malen den scheinbaren Widerspruch an den Hauptpersonen aus: Die phönizische Frau überwindet den machtvollen Widerstand des Messias Jesus. Der »besessene« Junge wirkt in seinen heftigen Bewegungen sehr lebendig, der geheilte wie tot. Der Blinde wird sehend, während die Sehenden blind bleiben. In den übrigen Texten spricht sich die genannte Spannung als Vollmacht des wehrlosen Wortes aus bzw. in der Einmütigkeit der Gemeinde, für die Frieden und Eintreten für die Wahrheit keine Gegensätze sind.
   Thema: In der Kraft des Glaubens.

Wochenspruch

Unser Glaube ist der Sieg,
der die Welt überwunden hat. 1. Johannes 5,4c

Lesung aus dem Alten Testament | *Jesaja 49,1–6*

Hinter einem Zaun kann ich mich sicher fühlen,
aber auch eingesperrt.
Heimat oder Gefängnis – darum geht es auch im Glauben.
Auch der Glaube muss immer wieder seine Grenzen überschreiten,
damit er sich nicht in falsche Sicherheit
und am Ende in Angst verkehrt.
Hören wir, wie Gott Menschen herausruft –
und sie zum »Licht der Welt« macht.
So steht es bei Jesaja im 49. Kapitel.

Epistel | *Römer 10,9–17(18)*

Einen Gedanken in Worte fassen, vielleicht sogar aufschreiben –
das kann die lange vermisste Klarheit bringen.
Auch was wir glauben, will ausgesprochen, bekannt werden.
Das hilft uns selbst und anderen.
Paulus sieht in solchem Glaubensbekenntnis die entscheidende
Verbindung zwischen Juden- und Heidenchristen,
die zu jener Zeit große Schwierigkeiten miteinander hatten.
»Sagt euch, was ihr glaubt«, ermuntert er sie im Römerbrief,
Kapitel 10 – und verweist immer wieder auf den Propheten Jesaja.

Evangelium | *Matthäus 15,21–28*

Nach Gott rufen – und Gott schweigt:
eine schlimme Erfahrung.
Haben wir nicht gelernt: Gott hört unser Beten?
Warum bekomme ich keine Antwort?
Das Evangelium erzählt,
wie eine Frau aus dem phönizischen Tyrus
Jesus um Hilfe ruft – doch er schweigt.
Soll sie aufgeben? Und auf Hilfe verzichten?
Die Geschichte erzählt, welche Abgründe sich ihr auftun.
Aber es gibt eine Brücke – in Matthäus, Kapitel 15.

Hinweise zur Liturgie

Psalmmeditation über Psalm 25

Rufe mich an in der Not, spricht der Herr, so will ich dich erretten,
und du sollst mich preisen.

Nach dir, Gott, strecke ich mich aus,
ich sehne mich nach deiner Nähe.
Ich weiß, dass ich kein Recht habe, vor dich zu treten,
mein Vertrauen ist brüchig, und was ich geleistet, der Rede nicht wert.
Aber dass die mich als Beweis anführen,
die dich für eine Erfindung von Schwachköpfen halten,
das kannst du nicht wollen.
Herr, ich glaube, hilf meinem Unglauben!
Durch Güte wendest du alles zum Guten
und durch Rechtfertigung des Sünders schaffst du Gerechtigkeit.
Du bindest dich an deinen Bund
und hältst auch dem Treulosen die Treue.
Auch in Zweifel und Schuld behältst du uns im Auge.
Herr, ich glaube, hilf meinem Unglauben!

Rufe mich an in der Not, spricht der Herr, so will ich dich erretten,
und du sollst mich preisen.

aus: Klaus von Mering, Deine Güte reicht, so weit der Himmel ist.
Quell Verlag Stuttgart 1989, S. 127

Liturgische Farbe: grün.
Psalm 25,8–15.

Klaus von Mering

18. Sonntag nach Trinitatis

Das Kreuz besteht aus einer Senkrechten und einer Waagerechten, die sich in einem rechten Winkel schneiden: Meine Beziehung zu Gott und die zu meinem Mitmenschen gehören unauflöslich zusammen. Es bedeutet aber auch: Mit korrekt gezeichneten Linien ist das Kreuz in seiner Symbolik noch längst nicht erfasst.

In diesem doppelten Sinn kreisen die Texte des Sonntags um die Frage nach dem richtigen Zusammenhang von Glauben und Handeln.

Thema: Sorgfältig leben.

Wochenspruch

Dies Gebot haben wir von ihm,
dass, wer Gott liebt,
dass der auch seinen Bruder liebe. 1. Johannes 4,21

Lesung aus dem Alten Testament | *2. Mose 20,1–17*

Freie Menschen haben die Wahl.
Freie Menschen können sich entscheiden –
und müssen sich entscheiden.
Freie Menschen haben Maßstäbe,
wo andere Befehle und Gewohnheiten haben.
Es ist folgerichtig, dass Gott seinem Volk Israel
nach der Befreiung aus Ägypten am Sinai Maßstäbe schenkt,
Maßstäbe für die neue Freiheit: die Zehn Gebote.
Sie stehen im 2. Buch Mose im 20. Kapitel.

Epistel | *Römer 14,17–19*

Wir sollen sorgfältig sein als Christen, aber nicht kleinlich.
Schon eine kleine Unebenheit kann einem Menschen
zum Stolperstein werden.
Darum: Schau genau hin!
Aber erlaube den Pflastersteinen nicht, deine Ziele zu markieren.

Unter den ersten Christen war umstritten,
ob bestimmte Speisen unrein und daher verboten waren.

Paulus sagt seiner Gemeinde:
Es geht nicht um Äußerlichkeiten.
Lasst Jesus Christus und seine Liebe das Ziel eures Lebens sein!
Im 14. Kapitel des Römerbriefs lesen wir:

Evangelium | *Markus 12, 28–34*

Er – oder sie – sieht den Wald vor Bäumen nicht, sagen wir
und meinen damit: Jemand lässt sich den Blick auf das Wesentliche
verstellen durch unwichtige Einzelheiten.
Jesus sah die Frommen seiner Zeit in dieser Gefahr:
Sie wollten es Gott recht machen
durch die Einhaltung zahlloser kleiner Bestimmungen –
und verloren Gottes Gebot dadurch aus dem Auge.
Jesus richtet unsern Blick neu auf den Sinn aller Gebote.
Wir hören Worte aus dem Markusevangelium, Kapitel 12.

Hinweise zur Liturgie

Eine Psalmmeditation zu Psalm 1 ist zu finden auf S. 167, aus: Klaus von Mering,
Deine Güte reicht, so weit der Himmel ist. Quell Verlag Stuttgart 1989, S. 126f

Liturgische Farbe: grün.
Psalm 1.

Ende September findet in der Regel die »Woche der ausländischen Mitbürger«/
»Interkulturelle Woche« statt. In diesem Rahmen wird von PRO ASYL in
Zusammenarbeit mit den Initiatoren der Woche immer wieder neu der TAG
DES FLÜCHTLINGS vorbereitet (www.proasyl.de).
* Die Liturgie »Sich auf Fremdes einlassen« (zum Ausländer- und Flüchtlings-*
tag) finden Sie bei Walter Hollenweger, Das Kirchenjahr inszenieren, S. 171ff,
einen Liturgieentwurf »Fremdheit wahrnehmen – Gewalt überwinden« (Gottes-
dienstentwürfe zur Ökumenischen Dekade 1) unter www.gewalt-ueberwinden.net.

Klaus von Mering

Erntedanktag

Erntedank ist ein fast schon fremdes Fest. Wer weiß noch, dass die Saatzeit Tränenzeit ist und die Erntezeit Freudentanz? Wir leben in einer Gesellschaft, die jederzeit alles auf den Tisch bringen kann, Erdbeeren im Februar, Spargel im November ... So geht uns der Rhythmus von Saat und Ernte verloren. Die Verbindung zwischen Landwirtschaft und Industriegesellschaft ist unklar und zunehmend konfliktreich.

Und doch gibt es die Beobachtung, dass der Erntedanktag durch seine bunte, fröhliche und volkstümliche Seite viele Menschen in die Kirchen oder besonders in die Scheunen lockt. Dieses gilt es aufzugreifen und mit den Texten des Tages zu verbinden.

Die Texte des Erntedanktages reden von der Notwendigkeit und vom Segen des Teilens der sichtbaren und unsichtbaren Güter des Lebens. Ein wichtiges Thema für uns Menschen im Überfluss.

Wochenspruch

Aller Augen warten auf dich,
und du gibst ihnen ihre Speise zur rechten Zeit. Psalm 145,15

Lesung aus dem Alten Testament | *Jesaja 58,7–12*

Der Erntetisch ist reich gedeckt. Reiche Ernte.
Das Brot in der Mitte ist Lebensmittel.
Das Brot in der Mitte ist auch Symbol für alles,
was ich ebenso brauche wie das tägliche Brot:
Zuneigung und Gemeinschaft, Frieden und Gerechtigkeit.
Der Prophet Jesaja sagt, wie wir dieses Brot unter uns teilen sollen
und welcher Segen daraus erwächst. So heißt es im 58. Kapitel:

Epistel | *2. Korinther 9,6–15*

Was wird aus dem reichen Erntetisch?
Christliche Gemeinde ist immer auch teilende Gemeinde.
Teilen, das ist eine geheimnisvolle Art des Säens.
Wer teilen kann, erntet besondere Früchte,
keine halben Sachen,
sondern Gerechtigkeit, Gnade, Güte.
So schreibt es der Apostel Paulus an die Gemeinde
in Korinth im 9. Kapitel.

Evangelium | *Lukas 12,(13–14)15–21*

Der Erntetisch ist reich gedeckt.
Was darauf liegt, ist ein reicher Schatz.
Macht uns der Anblick am Ende blind für das,
was zählt vor Gott?
Oder macht uns der Anblick klug
und bewegt uns zum gerechten Handeln und Leben?
Jesus erzählt von einem Menschen,
der viele Schätze sammelte
und doch davon nicht leben konnte.
Hört das Gleichnis vom reichen Kornbauern
bei Lukas, im 12. Kapitel:

alternativ: Matthäus 6,25–34

Der Erntetisch ist reich gedeckt.
Was darauf liegt, ist ein reicher Schatz.
Um diese Dinge kreisen unsere Gedanken.
Dafür arbeiten wir tagtäglich. Mit Stress und mit Sorgen.
Jesus weitet unseren Blick.
Leben ist mehr als dies alles.
Danach fragen
und ein bisschen sorgloser werden – das ist sein Rat.
Wir hören aus dem Matthäusevangelium, Kapitel 6:

Hinweise zur Liturgie

Wo das Teilen so deutlich im Mittelpunkt steht, sollte auch tatsächlich geteilt werden. »Das« Symbol dafür bietet sich an: Brot und Wein. Auch die Kollekte für »Brot für die Welt« sollte durch Ankündigung oder eine besondere Geste sichtbar werden in der Liturgie.

Wie feiern wir Erntedank in der Stadt? Siehe dazu den von australischen Christen ausgeführten Gottesdienstentwurf »Am Puls des Lebens – Erntedank in der Stadt« – in: Sinfonia oecumenica – Feiern mit den Kirchen der Welt, Gütersloh 1998, S. 854ff.

Liturgische Farbe: grün.
Psalm 104,10–15.27–30 (Eine kritische Textübertragung zum Psalm »Gottes Schöpfung – vergiftet und verkommen« siehe: Hanns Dieter Hüsch / Uwe Seidel, Psalmen für Alletage, S. 88).

Constanze Maase

19. Sonntag nach Trinitatis

Das Thema »Heil und Heilung« wird dreifach variiert: Der HERR hilft und heilt mit Vergebung und Wegweisung. Gott verwandelt mit seinen Angeboten Leben zu unserem »Wohl« – und will sich mit uns verbünden (Dekalog!). Der »Heiland« kleidet uns von Grund auf und von innen her neu ein (Taufe!): Der »Christus medicus« stellt uns mit seiner ganzheitlichen Meditation und Medizin wieder auf die Füße und eröffnet uns neue Möglichkeiten. Gott stiftet uns in allen biblischen Variationen dieses Sonntags an, umfassend einen neuen Anfang zu machen, das Leben neu zu buchstabieren, für das Leben zu danken, das Leben zu loben.

Wochenspruch

Heile du mich, HERR, so werde ich heil;
hilf du mir, so ist mir geholfen. Jeremia 17,14

Lesung aus dem Alten Testament | *2. Mose 34,4–10*

Gott macht einen neuen Anfang,
obwohl Menschen immer wieder Schuld auf sich laden
und enttäuschen.

So etwas ist ein Augenblick der Gnade und der Barmherzigkeit.

Das Volk Israel hat diese Erfahrung
besonders mit den Zehn Geboten verbunden,
mit der Wegweisung am Sinai.
Hören wir, wie sich Mose vor Gott für sein Volk einsetzt,
wie sich die Begegnung mit Gott einprägt
im 2. Buch Mose im 34. Kapitel.

Epistel | *Epheser 4,22–32*

Einen neuen Anfang machen – das ist nicht leicht.
Das im Alltag Vertraute loslassen,
das Gewohnte hinter sich lassen.

Wie vieles steht da im Weg?
Wie vieles stellt sich quer?
Wie vieles spricht immer wieder dagegen?

Es ist nicht leicht, ein neuer Mensch zu werden.
Und doch gibt es notwendige Hinweise und Ratschläge,
die uns immer wieder erinnern:
Das Alte ist vergeben und vergessen.
Christus steht dafür ein.

Im Brief an die Gemeinde in Ephesus im 4. Kapitel
werden wir erinnert, wie Menschen sich verwandeln können.

Evangelium | *Markus 2,1–12*

Wie oft sehe ich nicht mehr weiter?
Wie oft denke ich: Es geht nicht mehr, keinen Schritt weiter.
Und dann sind Freunde da.
Sie stehen zu mir.
Sie holen mich heraus.
Und da geschieht dann auf einmal das Wunder.
Ich kann aufstehen. Es geht weiter mit mir.

Das heutige Evangelium bei Markus im 2. Kapitel
stellt uns auf die Füße.

Hinweise zur Liturgie

*»Erleuchte und bewege uns«: Das Lob der »neuen Sicht« am Ende des Evangeliums
(V. 12) könnte in ein alternatives Halleluja als »Offenes Singen« vor der Predigt
übergehen (in: 111 Lieder für Kirchentage, Nr. 28).*

Liturgische Farbe: grün.
Psalm 32,1–5.10–11.

*Ein Salbungsgottesdienst (»Wer nicht berührt wird, ist nicht berührt«)
zum Thema Heilung ist abgedruckt in: Walter Hollenweger, Das Kirchenjahr
inszenieren, S. 97ff.*

Günter Ruddat

20. Sonntag nach Trinitatis

Zu unterschiedlich sind die Texte für den 20. Sonntag nach Trinitatis, um ein einheitliches Thema daraus zu ersehen. Auffällig ist der Bezug auf die Themen Ehe und Familie. Eine Möglichkeit wäre ein Bezug zu diesem Themenbereich.

Insbesondere der Wochenspruch und der Text aus dem Alten Testament legen eine andere Frage nahe. Gottes Versprechen ist mit dieser Welt. Menschen haben die Möglichkeit, im Horizont seines Wortes zu leben. Was gut ist, was Gott fordert, das hat er bekannt gemacht. Welche Werte haben heute noch Gültigkeit? Diese oft gestellte Frage lässt sich unter diesem Blickwinkel beleuchten.

Wochenspruch

*Es ist dir gesagt, Mensch, was gut ist
und was der Herr von dir fordert,
nämlich Gottes Wort halten
und Liebe üben
und demütig sein vor deinem Gott. Micha 6,8*

Lesung aus dem Alten Testament | *1. Mose 8,18–22*

Einmal neu anfangen können – ein Traum.
Wieder von vorne beginnen und alles besser machen!

Für Noah war das möglich.
Er durfte neu das Land betreten und wieder beginnen.
Die bergende Arche hatte ihn und seine Familie gerettet.
Nun machte Gott einen Neubeginn möglich.

Am Anfang steht der Dank für Bewahrung.
Am Anfang steht aber auch Gottes Versprechen für die neue Welt.
Hören wir aus dem 1. Buch Mose im 8. Kapitel:

Epistel | *1. Thessalonicher 4,1–8*

Gottes Geist verändert Menschen.
Er schenkt die Kraft zu einem Leben mit Gott.
Aber wie sieht ein Leben aus,
das mit Gottes Geist beschenkt ist?

Gottes Geist macht frei von der Gier.
Paulus hat da ganz genaue Vorstellungen.
Im 1. Thessalonicherbrief lesen wir im 4. Kapitel:

Evangelium | *Markus 10,2–9(10–16)*

Zwei Menschen finden in Liebe zueinander.
Wo das geschieht, ist Gott dabei.
Zwei Liebende, die sich Treue in der Ehe versprechen,
stehen unter Gottes Schutz.
Ihre Gemeinschaft ist nicht beliebig.

Im Gespräch mit Pharisäern macht Jesus das deutlich.
Das Evangelium für den heutigen Sonntag steht
bei Markus im 10. Kapitel:

Hinweise zur Liturgie

Die Texte dieses Sonntags können mit denen des 23. Sonntags nach Trintiatis
ausgetauscht werden.

Liturgische Farbe: grün.
Psalm 119,101–108.

Karl Ludwig Schmidt

21. Sonntag nach Trinitatis

Das Evangelium stellt die Feindesliebe in den Mittelpunkt. Der Gottesdienst kann von den Worten der Bergpredigt her seine Kraft gewinnen. Der Schlüssel zum friedlichen Umgang miteinander, zur Überwindung von Gewalt und Hass, zum Überwinden des Bösen liegt im Umgang mit denen, die sich zu unseren Feinden erklären – oder die wir zu Feinden machen. Ermutigende Berichte, Präsentationen, Erfahrungen im Umgang mit der Überwindung von Feindschaften können in diesem Gottesdienst Raum finden.

Wochenspruch

*Lass dich nicht vom Bösen überwinden,
sondern überwinde das Böse mit Gutem. Römer 12,21*

Lesung aus dem Alten Testament

| *Jeremia 29,1.4–7.10–14*

Wenn es richtig schlecht geht,
dann helfen keine Durchhalteparolen.
»Kopf hoch!« – das nützt wenig, wenn die Zukunft düster ist.
Wer aber Licht am Ende des Tunnels ahnt,
kann Kraft schöpfen für dunkle Tage.

Der Prophet Jeremia hat einen Brief geschrieben
an die Gefangenen von Babylon.
Worte, die Mut machen.
In ihnen strahlt Zukunft auf.
Diese Worte finden wir bei Jeremia im 29. Kapitel:

Epistel | *Epheser 6,10–17*

Im Kampf zählen gute Waffen.
Im Leben nützen sie nichts.
Erfülltes Leben liegt in Gott.

Gott hilft mit seinen Mitteln.
Er schenkt Kraft, die stärker ist als jede menschliche Waffe.

In den Worten der Epistel für den heutigen Sonntag
begegnen uns viele Waffen.
So etwas wie Werkzeuge Gottes sind sie hier.
Sie dienen nicht dem Krieg, sondern dem Leben.
Im Epheserbrief im 6. Kapitel erscheint Gott als die einzige Waffe,
die zum Leben hilft.

Evangelium | *Matthäus 5,38–48*

Nobody ist perfect. Niemand ist vollkommen.
Alle machen Fehler,
irren sich und handeln allzu menschlich.
Leicht gesagt, leicht entschuldigt.
Zu leicht!
Für Jesus gelten andere Regeln.
Seine Erwartungen sind hoch.

Die Worte der Bergpredigt rütteln wach.
Das Evangelium des heutigen Sonntags steht im 5. Kapitel
des Matthäusevangeliums.

Hinweise zur Liturgie

Liturgische Farbe: grün.
Psalm 19,10–15.

Karl Ludwig Schmidt

22. Sonntag nach Trinitatis

Wochenspruch und Evangelium stellen das Thema Vergebung in den Mittelpunkt.
Dabei stehen im Evangelium durchaus widersprüchliche Aussagen nebeneinander.
Zum einen geht es um die unendliche Bereitschaft zur Vergebung. Andererseits
wird im Gleichnis davon gesprochen, dass Gott sein vergebendes Handeln auch
wieder rückgängig machen kann.
Themenvorschlag: Vergebung kann nie genug sein.

Wochenspruch

Bei dir ist Vergebung,
dass man dich fürchte. Psalm 130,4

Lesung aus dem Alten Testament | *Micha 6,6–8*

Manchmal scheint Gott unendlich weit weg zu sein.
Manchmal ist es schwer zu erkennen, was Gott will.
Ihm näher kommen – kann das gelingen?

Gott hat sich bekannt gemacht.
Menschen kennen sein Wort.
Dieses Wort zu hören und danach zu leben –
dazu fordert die Lesung aus dem Alten Testament auf.
Hören wir auf das, was geschrieben steht beim Propheten Micha
im 6. Kapitel:

Epistel | *Philipper 1,3–11*

Ein Mann sitzt im Gefängnis.
Er denkt an die, die frei sind.
Seine Gedanken sind voller Dank.
Er schreibt einen Brief.

Paulus ist dieser Mann, der an seine Gemeinde in Philippi schreibt.
Ganz am Anfang des Briefes stehen seine Wünsche und Gebete
für die Gemeinde.
Der Episteltext steht im 1. Kapitel des Philipperbriefes.

Evangelium | *Matthäus 18,21–35*

Ein großes Geschenk – völlig unerwartet!
Die Freude darüber ist riesengroß.
Ein Geschenk, so groß, dass es das Leben verändert.
Wie ein Hauptgewinn im Lotto!

Im Evangelium des heutigen Sonntags
hören wir von so einem Geschenk.
Doch in dieser Geschichte führt die Freude nicht zur Veränderung.
Hören wir das Gleichnis vom Schalksknecht aus dem 18. Kapitel im
Matthäusevangelium:

Hinweise zur Liturgie

Liturgische Farbe: grün.
Psalm 143,1–10.

Karl Ludwig Schmidt

23. Sonntag nach Trinitatis

Ich möchte Abstand gewinnen – von Orten wie Sodom und Gomorra (aber Abraham hält Fürbitte für sie vor Gott), von Versuchern, die mich ins Verderben schicken wollen (aber Jesus hält stand und ist »schlau wie ein Fuchs«), von manchen Rechtsvorschriften hier auf unserer Erde (und doch sind wir gefragt, hier »himmlisches Recht« anzuwenden). – Woher nehme ich meine Maßstäbe, meine Orientierung? – Die Texte des Sonntags können helfen, da ein Stück voranzukommen.

Wochenspruch

Dem König aller Könige
und Herrn aller Herren,
der allein Unsterblichkeit hat,
dem sei Ehre und ewige Macht. 1.Timotheus 15,16

Lesung aus dem Alten Testament

| *1. Mose 18,20–21.22b–33*

Im Zorn möchte man manchmal alles kaputtschlagen.
Danach tut es einem nicht selten leid.
Ein Glück also, wenn jemand rechtzeitig widerspricht.
»Im Zweifel für den Angeklagten!« –
diese Haltung treibt Abraham dazu,
für die Städte Sodom und Gomorra bei Gott um Gnade zu flehen.
Hören wir jetzt im 1. Buch Mose, Kapitel 18,
wie selbst Gott sich auf solche Fürsprache einlässt:

Epistel | *Philipper 3,17(18–19)20–21*

Der Alltag mit seinen Nöten kann uns auffressen.
Das Leben scheint mühsam. Voller Zwänge.
Ein Blickwechsel kann helfen, wieder klarer zu sehen.
Ein neuer Tag kommt.
Neue Erfahrungen.
Neue Kraft von Gott.
Das war Paulus' Stärke.
Darin zieht er andere mit.
Im Philipperbrief, Kapitel 3, hören wir:

Evangelium | *Matthäus 22,15–22*

Andere für gottlos zu halten, ist eine Versuchung.
Das, was uns stört, scheint auf der Hand zu liegen.
Eindeutig und klar.
Doch unser Standpunkt ist nur einer von vielen.
Möglich, dass der Blick eines anderen
uns den nötigen Abstand gewinnen lässt.

Gott oder Geld – darum geht es zunächst im folgenden Streitgespräch
zwischen den Pharisäern und Jesus.
Der Evangelist Matthäus schildert im 22. Kapitel,
wie sich durch eine neue Sichtweise die Dinge verändern können.

Hinweise zur Liturgie

*Die Texte dieses Sonntags können mit denen des 20. Sonntags nach Trinitatis
ausgetauscht werden.*

*Liturgische Farbe: grün.
Psalm 33,13–22 oder Psalm 19,10–15.*

Ulrike Fuchs

Reformationsfest

Wir erinnern uns an diesem Tag an die Lebensleistung Martin Luthers. Indem er vor 500 Jahren die persönliche Glaubensfreiheit proklamierte, hat er die Obrigkeit der Kirche in Frage gestellt und eine Erneuerung derselben ins Rollen gebracht. Es gilt, diesen tief im Glauben verankerten Mann mit seinem Mut und seiner Weitsicht zu würdigen. – Aber nicht nur das. Nehmen wir ihn und sein Anliegen ernst, dann geht es auch um uns, um die Kirche, die immer wieder reformiert werden muss (ecclesia semper reformanda).

Wort des Tages

Einen anderen Grund kann niemand legen als den, der gelegt ist, welcher ist Jesus Christus. 1. Korinther 3,11

Lesung aus dem Alten Testament | *Jesaja 62,6–7.10–12*

Die Propheten aus alttestamentlicher Zeit hatten die Aufgabe,
Gottes Wort unermüdlich unter die Leute zu bringen.
Mal war es ein Wort des Unheils und der Androhung von Gefahr,
mal war es die Voraussage von Heil und Frieden.
Der Prophet Jesaja kündigt der heiligen Stadt Jerusalem an,
dass sie zum Sinnbild wird für einen Ort,
an dem Gott unter den Menschen wohnt
und ihnen die Treue hält.
So sagt es der Prophet Jesaja voraus.
Wir lesen im 62. Kapitel:

Epistel | *Römerbrief 3,21–28*

Kein Mensch erwirbt sich Ansehen bei Gott,
weil er besonders emsig Gesetze und Regeln befolgt.
Der Mensch wird von Gott erkannt mit seinen Grenzen,
suchend, fehlbar und oft im Zweifel.
Genauso nimmt Gott jede und jeden von uns als geliebtes Kind an.
So beschreibt es der Apostel Paulus im 3. Kapitel des Römerbriefes.

Evangelium | *Matthäus 5,1–10(11–12)*

Jesus steigt hoch auf einen Berg,
um von dort weit in die Landschaft
und tief in die Herzen seine Worte kund zu tun.
Diese Rede vom Berg – die »Bergpredigt« –
ist ein Kernstück des Neuen Testaments.
Jesus hat in prägnanten Sätzen
die Aufgabe des Menschen auf Erden skizziert.
Hören wir den Evangelisten Matthäus, Kapitel:

Hinweise zur Liturgie

Es bietet sich an, meditative Texte zu entwickeln zu Themen der Reformation, die an Aktualität nichts eingebüßt haben: in der Bibel lesen, Einkehr suchen, glauben und etwas wagen, beten und zweifeln, die Kirche erneuern, streitbar sein.

Kirchenträume
Dass da eine Heimat zu finden wäre
für die mit den richtigen Fragen
und unaufgebbaren Träumen die größer sind
als alle Berechnung und stärker
als jedes Marktgesetz

Dass da ein Ort zum Teilen wäre
von Zweifeln Schmerzen und Hoffnung
von neuen Gedanken und alten Wahrheiten
ein Ort des Mutes und der Gerechtigkeit
nicht der Beruhigungspillen und falschen Sicherheiten

Dass da eine Stimme zu hören wäre
hinter den Stimmen
schöner als jede Musik und randvoll
mit Liebe
Sand im Getriebe der Welt
und Richtung im Strudel der Zeiten

in: Carola Moosbach, Himmelsspuren, Neukirchener Verlagshaus 2001

Zum Reformationstag gibt es immer wieder Gottesdienstentwürfe (z.B. Hefte »Den Reformationstag gestalten« vom RPI Loccum für Schulgottesdienste (www.rpi-loccum.de). Unter www.halloluther.de gibt es eine Menge Ideen zur Gestaltung des Reformationstages. Das Materialpaket »Hallo Luther« ist eine Sammlung davon: Gottesdienste mit vielen kreativen Ideen bis hin zu Filmgottesdiensten, Aktionen und Events, Veranstaltungen aus Schule und Gemeinde.

Falls nicht anders möglich, wird der Gedenktag der Reformation am darauf folgenden Sonntag »nachgeholt«.

Liturgische Farbe: rot.
Psalm 46,2–8 (Eine Textübertragung zum Psalm siehe:
Hanns Dieter Hüsch / Uwe Seidel, Psalmen für Alletage, S. 110).

Christine Behler

24. Sonntag nach Trinitatis

Ein Sonntag, der bereits auf das Ende des Kirchenjahres weist: Der Tod ist über-
wunden. Das ist der Tenor des Evangeliums und der Epistel – die Botschaft des
Sonntags. Aber wir machen auch andere Erfahrungen. Der Weisheitstext aus dem
Alten Testament meditiert unsere Situation (anscheinend) lebensnaher: Leben
hat seine Zeit – und Sterben hat seine Zeit. Mitten im Leben leben wir mit Todes-
erfahrungen – und das hat – wie es in Psalm 39 heißt – seinen Sinn: »Herr, lehre
mich doch, dass es ein Ende mit mir haben muss und mein Leben ein Ziel hat
und ich davon muss ...«.

Wochenspruch

Mit Freuden sagt Dank dem Vater,
der euch tüchtig gemacht hat
zu dem Erbteil der Heiligen im Licht. Kolosser 1,12

Lesung aus dem Alten Testament | *Prediger 3,1–14*

Der Kreislauf von Licht und Finsternis,
Leben und Tod –
niemand kann ihm entrinnen.
Der Prediger Salomo erinnert an das,
was uns bleibt:
fröhlich sein, essen und trinken und sich etwas Gutes tun.
Ist das Resignation?
Kann so nicht auch eine gläubige Gelassenheit sprechen?
Wir lesen aus dem Buch des Predigers Salomo,
aus dem 3. Kapitel.

Epistel | *Kolosser 1,(9–12)13–20*

Alles, was uns begegnet, hängt mit Christus zusammen,
auch wenn wir nicht wissen wie.
Alles hat sein Ziel in ihm.
Denn er hat alles mit Gott versöhnt.
So begründet der Kolosserbrief unsere Freude in trüber Zeit.
Die Epistel steht im Brief des Paulus an die Gemeinde in Kolossä
im 1. Kapitel.

Evangelium | *Matthäus 9,18–26*

Für Jesus ist der Tod wie ein Schlaf.
Er hat die Macht, die Schlafenden zu wecken.
Das verkündet uns die Geschichte von der Auferweckung
der Tochter des Jairus.
Das Evangelium nach Matthäus im 9. Kapitel:

Hinweise zur Liturgie

Liturgische Farbe: grün.
Psalm 39,5–8.

Peter von Baggo

Drittletzter Sonntag des Kirchenjahres

Der drittletzte Sonntag des Kirchenjahres ruft in seinen Lesungen ambivalente Glaubens- und Lebenserfahrungen wach: Das Leben ist vergänglich – Christus ist der Herr im Leben und Sterben. Und da ist auch die Frage nach dem Reich Gottes. Diese Akzente finden Anklang in der Situation der Gemeinde: Menschen machen Gräber winterfest, werden an die eigene Endlichkeit erinnert. Und sie spüren Sehnsucht in sich, dass die Bruchstückhaftigkeit des Lebens geheilt werden möge – Sehnsucht nach Frieden, nach Gottes Reich. Die Friedensdekade beginnt (zehn Tage von diesem Sonntag bis zum Buß- und Bettag). Seit Anfang der achtziger Jahre (1981 erscheint die Friedensdenkschrift der EKD) gibt es den Bittgottesdienst für den Frieden in der Welt (siehe auch die Hinweise zu diesem Sonntag).
Das Thema: Vergänglichkeit und Sehnsucht.

Wochenspruch

Siehe, jetzt ist die Zeit der Gnade,
siehe, jetzt ist der Tag des Heils. 2. Korinther 6,2

Lesung aus dem Alten Testament | *Hiob 14,1–6*

Hiob hat bittere Gedanken.
Er weiß: Gott lässt ihn nicht aus den Augen.
Und er ist sich dessen bewusst,
dass er vor Gott niemals wirklich gerecht sein kann.
Das überfordert Hiob.
Außerdem ist sein Leben auch noch armselig und kurz.
Es wird sowieso bald verwelken.
Warum lässt Gott ihn dann nicht wenigstens in Ruhe?
Gedanken, aufgeschrieben im 14. Kapitel des Hiobbuches.

Epistel | *Römer 14,7–9*

Streit zieht oft Gräben.
Beziehungen brechen ab.
So etwas macht einsam.
Das ist wie Sterben mitten im Leben.
Was soll erst werden, wenn wir sterben?
Bricht mit dem Tod alles zusammen?

Paulus bekennt gegen solche Gefühle seinen Glauben:
Wir Christen leben niemals nur auf uns selbst bezogen.
Und wenn mit dem Tod auch vieles abbrechen muss,
gehören wir doch immer noch zu Christus.
Hören wir Worte aus dem 14. Kapitel des Römerbriefes:

Evangelium | *Lukas 17,20–24(25–30)*

»Wann kommt das Reich Gottes?«

Die Frage, die Pharisäer an Jesus richten,
rührt unsere Sehnsucht an:
Wann wird die Welt so sein, wie Gott sie will?
Wann beginnt sein Reich?
Wann werden Friede und Gerechtigkeit ohne Ende sein?
Und: Woran werden wir das erkennen?
So steht es im Lukasevangelium, Kapitel 17:

Hinweise zur Liturgie

Psalm 90,2–3.13–14
im Wechsel von Frauen (I) und Männern (II) gesprochen
mit gesungener Antiphon (Rahmen- bzw. Kehrvers) EG 600
(EG Niedersachsen / Bremen).

Kanon: Aus der Tiefe, Herr und Gott, rufen laut wir Amen:
Steh uns bei in Angst und Not, schenk uns dein Erbarmen.

I und II: Herr, du bist unsere Zuflucht für und für.

I: Ehe denn die Berge wurden
und die Erde und die Welt geschaffen wurden, bist du, Gott,
von Ewigkeit zu Ewigkeit.

II: Der du die Menschen lässest sterben
und sprichst: Kommt wieder, Menschenkinder!

Kanon: Aus der Tiefe ...

I: Herr, kehre dich doch endlich wieder zu uns
und sei deinen Knechten gnädig!

II: Fülle uns frühe mit deiner Gnade,
so wollen wir rühmen und fröhlich sein unser Leben lang.

Kanon: Aus der Tiefe ...

Vom drittletzten Sonntag des Kirchenjahres bis zum Buß- und Bettag findet die Ökumenische FriedensDekade statt. Weil es durch die inhaltliche Verwandtschaft nahe liegt, werden in dieser Zeit auch zur weltweiten Ökumenischen Dekade »Gewalt überwinden« verstärkt Gottesdienste gefeiert. Es gibt jährlich neue Gottesdienstentwürfe zu beiden Dekaden, die sich zum Teil auch überschneiden: Materialien zur Ökumenischen FriedensDekade unter www.friedens-dekade.de, Gottesdienstentwürfe unter www.gewalt-ueberwinden.net. Gute liturgische Friedenstexte auch in: Friedrich Schorlemmer, Den Frieden riskieren, Stuttgart 2003.

Um die Zeit des Sonntags fällt der Martinstag (11.11.). In manchen Gegenden/ Gemeinden gibt es die Tradition, Gottesdienst zu feiern, Laternenumzüge zu machen etc. – Eine Liturgie zum Martinstag (»Kennt ihr Martin?«) ist zu finden in: Fritz Baltruweit/Mechthild Werner, Begleitet durch Jahr und Tag.

Liturgische Farbe: grün.
Psalm 90,1–4(15–17).

Susanne Briese-Roth

Verantwortung
ist die Schwester der Freiheit.

Wenn ich mein Leben als Geschenk verstehe,
weiß ich, dass jeder Mensch Gottes Geschöpf ist.

Also werde ich
für die Würde und Freiheit
jedes anderen Menschen einstehen.

Margot Käßmann

Vorletzter Sonntag des Kirchenjahres
Volkstrauertag

Der Wochenspruch hebt unser Leben heraus aus den Argumentationsmustern und Rechtfertigungsschemata »dieser Zeit« und stellt es unmittelbar unter den Blickwinkel Christi. Jede Lesung entfaltet einen Aspekt dieses Bibelwortes: Gottes Recht ist der Weg des Lebens. Deshalb liegt ihm daran, dass die, die in die Irre laufen, umkehren. Unser Richter ist Christus. Deshalb gibt es für die, die in ihm sind, keine Verdammnis, sondern die Hoffnung auf die herrliche Freiheit der Kinder Gottes. Gerade deshalb macht es etwas aus, was wir tun und lassen.

Dieser Sonntag ist in Deutschland auch Volkstrauertag (siehe: Hinweise zur Liturgie). Das betont die kollektive Verantwortung vor dem Richterstuhl Christi. Möglicher thematischer Bogen: innehalten, auftauchen aus dem Hier und Jetzt, sich von Christus leiten lassen.

Wochenspruch

Wir müssen alle offenbar werden
vor dem Richterstuhl Christi. 2. Korinther 5,10

Lesung aus dem Alten Testament | *Jeremia 8,4–7*

Einfach weitertrotten ...
Wie gestern und vorgestern ...
Wie die anderen auch –
auch wenn der Karren immer tiefer
in den Dreck gefahren wird.

Mitunter passiert das so –
einzelnen, einer Gruppe, einem Volk.

Der Prophet Jeremia schlägt die Hände über dem Kopf zusammen,
als er sieht, wie seine Landsleute sich vergaloppieren.

Er sagt ihnen ein Wort Gottes.
Es steht bei Jeremia im 8. Kapitel.

Epistel | *Römer 8,18–23(24–25)*

Es gibt Zeiten,
da nimmt das Hier und Jetzt mich ganz in Anspruch.
Es zieht und zerrt von allen Seiten.
Anforderungen, Leiderfahrungen, Zwänge.
Es geht mir nicht gut.

Dann wächst die Sehnsucht, davon frei zu werden.

Paulus hebt den Blick über das »Hier und Jetzt« hinaus
und verspricht Erlösung –
im Brief an die Gemeinde in Rom im 8. Kapitel.

Evangelium | *Matthäus 25,31–46*

Was ich tue, bringt ja doch nichts.
Es ist nur ein Tropfen auf den heißen Stein.

Was kann ich kleines Rad im großen Getriebe schon ausrichten?
Es ist doch sowieso gehupft wie gesprungen ...

Manchmal denke ich so.
Jesus sieht das aber ganz anders.

Davon erzählt das Evangelium für den heutigen vorletzten Sonntag
im Kirchenjahr.
Es steht bei Matthäus im 25. Kapitel.

Hinweise zur Liturgie

*Der Volkstrauertag wurde Anfang der 20er Jahre auf Initiative des Volksbundes
Deutsche Kriegsgräberfürsorge als Gedenktag für die Gefallenen des 1. Weltkrieges
eingerichtet. Allmählich verwandelte er sich zum »Heldengedenktag«, der nach
dem 2. Weltkrieg abgeschafft wurde. 1952 wurde der Volkstrauertag wieder eingeführt: als Gedenktag für die Opfer der beiden Weltkriege und des National-
sozialismus.*

Der Gottesdienst kann das Anliegen des Tages als kollektives Gedenken und Trauern aufnehmen: Welcher Toten gedenken wir? Unserer oder auch der anderen? – Wie gedenken wir? In Schmerz oder Gleichgültigkeit? – Mit welchem Ziel gedenken wir? Hass zu schüren oder Versöhnung zu stiften? – Lassen wir das Gedenken auch an uns heran? Soll es uns bestätigen oder uns in Frage stellen? – Die Lesungen (gerade der Jeremiatext) können dem Gedenken Richtung und Struktur geben.

Gottesdienstentwürfe von Aktion Sühnezeichen sind zu finden unter www.asf-ev.de.

Liturgische Farbe: grün.
Psalm 50,1.4–6.14–15.23 oder Psalm 126 (Eine Textübertragung zum Psalm siehe: Hanns Dieter Hüsch/Uwe Seidel, Psalmen für Alletage, S. 140).

Dirk Stelter

Lass dein Herz meine Worte aufnehmen
und halte meine Gebote,
so wirst du leben, spricht der Herr.

»Spiel nicht mit den Schmuddelkindern«, sagte man mir,
und ich spürte, wie meine Freunde
auf einmal nicht mehr meine Freunde waren.
Aber von dir höre ich, Herr:
Du hast die Gesellschaft der Zöllner und Sünder gesucht.
Du hast die Erfolgreichen gewarnt
und die Armen selig gepriesen –
und mir dämmert: Ordnung ist nicht Ordnung
und Gebot nicht Gebot.
Es ist nicht deine Ordnung,
wenn die Frommen sich abgrenzen gegen die Ungläubigen,
aber mit den Mächtigen machen sie gemeinsame Sache.
Es entspricht nicht deinem Gebot,
wenn die Gerechten auf Abstand gehen zu den Gestrauchelten,
aber den Reichen machen sie ein gutes Gewissen.
Weise uns, Herr, den Weg deiner Gebote
und erhalte uns in der Ordnung deiner Liebe.

Lass dein Herz meine Worte aufnehmen
und halte meine Gebote,
so wirst du leben, spricht der Herr.

nach Psalm 1
Klaus von Mering

Buß- und Bettag

Seit 1893 gibt es in den meisten evangelischen Landeskirchen den »Buß- und Bettag«, der 1934 von der Evangelischen Kirche in Deutschland allgemein eingeführt wurde.

Bereits im 8. Jahrhundert gab es zu Beginn eines jeden Vierteljahres Bußgebete – mit der Bitte um Segen für die kommende Zeit. – Immer wieder wurden Bußtage aus Anlass konkreter Notstände ausgerufen. In solchen Notsituationen wurde die gesamte Bevölkerung zum Gebet und zur Buße aufgerufen. Ein Buß- und Bittgottesdienst mit »Offener Schuld« und ähnlichen liturgischen Elementen entwickelte sich während des Dreißigjährigen Krieges. In so einer Tradition ist der Buß- und Bettag also ein »Gedenktag«, in dem es um das öffentliche Leben, das Leben der gesamten Gesellschaft geht.

Inzwischen ist dieser Charakter weitgehend verloren gegangen. Der Buß- und Bettag bezieht sich mehr und mehr auf den Einzelnen und sein Verhältnis zu Gott und den Menschen.

Wenn die hannoversche Bischöfin Margot Käßmann gerade an diesem Tag zu Gottesdiensten im Rahmen der »Ökumenischen Dekade Gewalt überwinden« aufruft, wird der ursprüngliche Charakter des Tages auf neue Weise wiederentdeckt.

Wort des Tages

Gerechtigkeit erhöht ein Volk;
aber die Sünde ist der Leute Verderben. Sprüche 14,34

Lesung aus dem Alten Testament | *Jesaja 1,10–17*

Ein Buß- und Bettag hat unsere Umkehr zum Ziel.
Gott wünscht sich einen neuen Anfang mit uns
und mehr Gerechtigkeit für alle.
Gebete, Beichtbekenntnisse, die keine Folgen haben,
sind Gott ein Gräuel.
Hören wir, welche Worte Gott seinem Volk mit auf den Weg gab –
im Jesajabuch im 1. Kapitel.

Epistel | *Römer 2,1–11*

Gott wünscht sich, dass wir heil werden.
Und er wünscht sich, dass etwas davon aus uns »herausstrahlt«.
Dass wir »im Licht der Güte Gottes« mit unseren Mitmenschen umgehen.
Paulus setzt sich damit auseinander,
dass uns das oft nicht gelingt.
Oft sind wir kleinkariert und rechthaberisch.
Darum redet Paulus uns ins Gewissen.
Wir hören Worte aus dem 2. Kapitel des Römerbriefs.

Evangelium | *Lukas 13,(1–5)6–9*

Ich möchte vor mir und anderen bestehen können –
und bleibe doch hinter mir zurück, immer wieder.
Jesus hat einmal eine Geschichte über einen Baum erzählt,
der keine Frucht brachte.
Er setzt sich für dieses Geschöpf ein.
Das Evangelium für den heutigen Buß- und Bettag
steht im Lukasevangelium im 13. Kapitel.

Hinweise zur Liturgie

*Vergebung von Schuld ist eine wunderbare Befreiung. Aus der Enge in die Weite:
Gott stellt unsere Füße auf weiten Raum. Diese Erfahrung wünsche ich mir
(auch atmosphärisch) für einen Gottesdienst, in dem der Zuspruch der Vergebung
im Mittelpunkt steht.*

Liturgien in diesem Sinne:
* *Ein meditativer Gottesdienstentwurf zu Lukas 13,6–9 in:
Sinfonia oecumenica, S. 898ff.*
* *Im Haus kirchlicher Dienste der Evangelisch-lutherischen Landeskirche
Hannovers wird während der Ökumenischen Dekade »Gewalt überwinden«
(2001–2010) in jedem Jahr ein Arbeitsheft mit Liturgieentwürfen heraus-
gegeben, das immer auch einen Gottesdienstentwurf für den Buß- und Bettag
enthält (www.kirchliche-dienste.de).*

*Liturgische Farbe: violett.
Das »Ehre sei Gott in der Höhe« und das Halleluja entfallen.
Psalm 51,3–14.*

Fritz Baltruweit

Ewigkeitssonntag   *Letzter Sonntag des Kirchenjahres*

*Der letzte Sonntag eines jeden Kirchenjahres steht im Zeichen des Gedenkens.
Indem wir ihre Namen aussprechen, erinnern wir uns besonders an Menschen,
die im zurückliegenden Kirchenjahr verstorben sind. Sie haben zu uns gehört.
Wir mussten sie hergeben. Vielleicht tun wir uns anhaltend schwer, sie loszulassen.
Vielleicht kam der Tod auch gnädig und als Erlöser.*

*In den meisten Kirchengemeinden ist es üblich, die Angehörigen der Verstorbenen
mit einem Anschreiben besonders einzuladen. Viele von ihnen kommen – und
gehen hinterher zu den Gräbern.*

*Trauer und Tränen gehören deshalb zum Wesen dieses Gottesdienstes. Bei ihnen
aber nicht stehen zu bleiben, ist Aufgabe und Ziel. Dabei helfen besonders die
beiden Lesungen, die uns die Verheißung vom neuen Himmel und der neuen Erde
tröstend und ermutigend vor Augen stellen.*

*Mit unserem Gedenken am Ewigkeitssonntag unterbrechen auch wir Lebenden
unsere Zeit und tauchen ein in Gottes Ewigkeit.*

Wochenspruch

*Lehre uns bedenken, dass wir sterben müssen,
auf dass wir klug werden. Psalm 90,12*

Lesung aus dem Alten Testament
| Jesaja 65,17–19(20–22)23–25

Viele von uns haben in den zurückliegenden Wochen
und Monaten schmerzliche Erfahrungen gemacht.
Wir haben erlebt, wie die Zeit verrinnt –
und dass wir hergeben mussten,
was wir oftmals so gerne festgehalten hätten.
Wir sind an Grenzen gestoßen.

Die Bibel will uns daran erinnern,
dass der Horizont Gottes weiter ist als der unsere.
Sie malt Hoffnungsbilder:
einen neuen Himmel und eine neue Erde,
im Alten Testament aufgezeichnet
vom Propheten Jesaja im 65. Kapitel.

Epistel | *Offenbarung 21,1–7*

Es kommt der Tag, sagt der Seher Johannes,
an dem alle Tränen abgewischt werden.
Es kommt der Tag,
an dem aller Schmerz abklingt und endet.
Trauer wandelt sich in Freude.
Lebensdurst wird gestillt.
Es kommt der Tag,
an dem Gott selbst bei uns Wohnung nimmt
und wir bei Gott –
an dem Leben übergeht in Lebensfülle.

Hören wir Worte aus dem Buch der Offenbarung im 21. Kapitel:

Evangelium | *Matthäus 25,1–13*

Wir wissen nicht, wann uns die Stunde schlägt.
Wir kennen weder Tag noch Stunde.

Aber wir wollen darauf vorbereitet sein,
hellwach, vorausschauend und klug.

Das Evangelium handelt von klugen Menschen,
die vorausschauen –
aber auch von denen, die unvorbereitet sind,
den Törichten.
Bei Matthäus lesen wir im 25. Kapitel folgendes Gleichnis:

Hinweise zur Liturgie

» *...Wir alle fallen. Diese Hand da fällt.*
Und sieh dir andere an – es ist in allen.
Und doch ist einer, welcher dieses Fallen
Unendlich sanft in seinen Händen hält.«
(Rainer Maria Rilke)

»*Noch ehe die Sonne am Himmel stand, die Nacht ein Ende fand, noch ehe sich*
ein Berg erhob, zu scheiden Meer und Land – bist du, Gott, unser Gott, die
Zuflucht für und für. Dir leben wir, dir sterben wir – wir gehen von dir zu dir."
(Eugen Eckert in: EG Niedersachsen und Bremen, Nr. 576).

Neue singbare Liedtextübertragungen zu den alten Melodien von »So nimm denn meine Hände« und »Befiehl du deine Wege« in Fritz Baltruweit/Günter Ruddat, Taufe, Konfirmation, Trauung, Beerdigung – Gemeinde gestaltet Gottesdienst, Band 2, Gütersloh 2000, S. 239ff.

Liturgische Farbe: grün (auch: weiß (= Ewigkeit) oder schwarz (= Gedenken an Verstorbene).
Psalm 126 oder Psalm 102 in Auswahl – passend ist auch Psalm 90 (siehe dazu die Kerzenlitanei mit Namensnennung der Verstorbenen – in: Gemeinde gestaltet Gottesdienst 2 (s.o.), S. 235f) – oder Psalm 130 in der Übertragung von Hans Dieter Hüsch (»Wir alle stehn in Gottes Hand«) siehe: Hanns Dieter Hüsch/ Uwe Seidel, Psalmen für Alletage, S.70).

Eugen Eckert

Ich bin ein Gast auf Erden.
Bald muss ich wieder gehn.
Umarme ich Gefährten,
sag ich: »Auf Wiedersehn!«
Dann denke ich beklommen:
Ob wir wohl noch einmal
wie heut zusammenkommen?
Wer weiß der Stunden Zahl?

Ich bin ein Gast auf Erden.
Ich bin noch auf dem Weg.
Hab mancherlei Beschwerden
vom schweren Marschgepäck.
Muss mich beizeiten wenden
von allem, was mich hält.
Ganz nackt, mit leeren Händen
geh ich von dieser Welt.

Ich bin ein Gast auf Erden,
versuch mich dann und wann
als Hausherr zu gebärden,
der alles machen kann.
Dann sterben Wälder, Meere,
dann bleibt kein Lüftchen rein,
dann gehen ganze Heere
von andern Gästen ein.

Ich bin ein Gast auf Erden.
Ich weiß, es muss so viel
bis morgen anders werden
und ferne liegt das Ziel.
Wills mit in Ordnung bringen,
will stillen manches Weh,
mein schönstes Danklied singen,
bevor ich von ihr geh.

Gerhard Schöne

Vorlesen im Gottesdienst
Chance für Geistesgegenwart

Als ich im Anschluss an den Sonntagsgottesdienst die zum Seminar verbliebenen 22 Menschen fragte, welche Inhalte in den beiden Lesungen des Gottesdienstes aufgetaucht seien, trat Schweigen ein. Alle hatten am Gottesdienst teilgenommen und die Lesungen gehört. Niemand wusste, welche biblischen Motive, geschweige denn Texte verlesen wurden. Nur der Predigttext, der erst während der Predigt laut wurde, war noch halbwegs präsent – weil anschließend besprochen.

Die Epistel stand im Hebräerbrief (5,7–9), das Evangelium bei Markus (10,35–45).

Die Epistellesung war fremdartig im Duktus –, das Evangelium aber mit dem Wettbewerb der Schüler und dem Wunsch, neben Jesus zu sitzen, eigentlich prägnant. Aber es war halt gelesen, wie es meist gelesen wird: Dem Lektor ging es darum, stimmlich durchzukommen, er wollte nicht auffallen, keinen Fehler machen und sich möglichst schnell wieder setzen, damit er nicht so im Blickfeld der Menge (46 Menschen) steht. Seine Stimme atmete die graue Korrektheit des Mittelmaßes. Er empfand auch keine Mitverantwortung an der Hörschwäche der Anwesenden. Sollen sie doch hinhören in der Kirche des Wortes.

Ich glaube, es reicht nicht, Endsilben zu betonen und laut zu sprechen beim Vorlesen aus der Bibel. Die lesende Person soll schon etwas investieren. Aber auf dem Feld der Lesungen und Gebete regiert die Angst, sich als liturgisch mitwirkende Person zu exponieren. »Alle gucken.« »Ich am heiligen Ort.« Manche genießen das, die lesen oft gern und intuitiv plastisch; anderen ist es ein Horror. Also Augen zu und durch. Dazu gilt – ohne dass darüber gesprochen würde unter Lektorinnen und Lektoren: Gottesdienst ist in der Grundfarbe grau und im Grundton gedämpft. Das nennt man dann »feierlich«.

Diese adrette Monotonie der Lesenden hat Liebhaber in den Reihen der Wissenden: Das Wort Gottes habe sich selbst durchzusetzen und bedürfe keiner menschlichen Theatralik. Daher sei ein Text möglichst gleichmäßig vorzutragen; wer liest, enthalte sich allen Tandes.

Bleiben wir also wie wir sind: »Feierlich«, korrekt und ungehört ?

Vielleicht meldet sich aber in der Kirche der Bibel die protestantische Dame Kritik. Die käme nicht damit zurecht, wenn sich niemand erinnert an das Bibelwort. Sie fände keinen Schlaf, wenn vom Ambo nur mattes Rauschen ausginge. Grade eben hat doch die Reformation das monopolisch-lateinische Rauschen abgeschafft, damit jede und jeder verstehen kann – da hört schon keiner mehr hin. Also was tun ?

Beherzte Objektivität und geläuterte Subjektivität
gehen auseinander hervor

Mit beherzter Objektivität des liturgischen Handelns bezeichne ich eine Lese- und Zelebrationsweise, die bemüht ist, das Private – nicht das Personale – aus dem vorgegebenen Heiligen herauszuhalten. Dieser Gestus hat eine lange Tradition und stellt einen Eckpfeiler des Archetypus »Priester/Priesterin« dar. Der heilige Mann, die heilige Frau ist im Gottesdienst nicht bloß sie selbst, er stellt die Gegenwart einer anderen Kraft dar. Die Formen dieses Größeren unserer selbst (Gebete, Gesänge, Lesungen usw.) sind meist vorgegeben und darin der persönlichen Kreativität entzogen, also nicht einfach verfügbar. Wer z.B. die Einsetzungsworte spricht, wird deren eigene Kraft und die Dignität der jahrhundertelangen Wirkungsgeschichte ahnen und nicht versuchen, sie mit eigenen Rüschen auszustatten.

Diese Objektivität lebendig zu wahren, ist eine hohe Kunst. Sie ist nicht zu verwechseln mit der Mattigkeit, die oben angedeutet wurde. Die von der Person mit ihren Eigenheiten gestaltete Objektivität weiß um die Kraft der überkommenen Stücke des gemeinsamen Glaubens. Sie hat sie von innen kennen gelernt. Das macht sie »beherzt«, das heißt diskret, aber deutlich angereichert durch die Lebenserfahrung des Lektors, der Pastorin. Der hat an der Not, der Größe und Einsamkeit des ersten Sprechers der Abendmahlsworte gerochen. Sie weiß auch, wie wichtig diese Geste ohne die Worte in Emmaus war, als alles wieder einfach und doch ganz anders auftauchte. Er hat diese und andere Wortschätze des Glaubens wiedergekäut – bis sie nicht mehr von außen, sondern aus dem Innern kamen. Sie weiß im Moment des Sprechens auch, wie tief diese Worte in mancher anwesenden Seele wohnen und durch das Zitat aufgerufen werden. Das »objektive« Zelebrieren und Vorlesen kennt oder ahnt die Abgründe und Verklärungen und lässt sie untergründig mitsprechen beim Beten und Lesen. Das ist liturgische und geistliche Präsenz, die aus dem wachen geistlichen Leben erwächst. So per-soniert die Person aus dem Heiligen aufs Heilige und die Leute hin, durch-tönend.

Die Mattigkeit des Lektors aus unserem Sonntagsgottesdienst kennt davon nichts. Sie ist auf der Benutzeroberfläche bemüht, den Vorgang sauber abzuwickeln. Alle merken den Unterschied, bewusst oder unbewusst. Im ersten Fall merke ich die geistliche Substanz hinter der klaren Form und horche auf, im zweiten dämmere ich davon. Die durch personalen Geist angereicherte Lesung kann sehr schlicht ausfallen, sie kann ohne Überhöhungen auskommen. Das macht sie dem abgestandenen Leseakt zum Verwechseln ähnlich. Aber wer Ohren hat, merkt sofort den Welten-Unterschied.

Neben der Langeweile erscheinen aber auch andere Symptome der Geistlosigkeit: Schleichen sich Privatismen in die Zelebration, dann meist deshalb, weil eben diese Kraft des Gegebenen im Text nicht erspürt oder begriffen ist.

Ein Beispiel:
Pastor K. liest im Gottesdienst aus dem Evangelium. Er kündigt die Lesung an mit den Worten:
»Die folgende Geschichte kennen Sie sicher alle. Ich habe sie selbst im Kindergottesdienst zum ersten Mal gehört. Auch heute liebe ich sie noch sehr. Neulich haben wir sie im Altenkreis besprochen.« Dann liest er das Evangelium vom barmherzigen Samariter vor.

Das ist nett und klingt auf den ersten Blick verbindlich. Im Grunde nimmt er aber der Geschichte die Kraft und reiht sie ein in die Provinz seines Horizonts. Hätte er je an der Fremdheit des Samariters gerochen und sich selbst nur einmal als Würdenträger im Beffchen am Verwundeten vorübergehen sehen, er wäre beeindruckt von der Anstößigkeit dieses Wortes. Er wüsste beim Vorlesen, was er betont, nämlich den Gegensatz aus selbstverständlicher Ignoranz der Etablierten und erstaunlicher Zuwendung des Zugereisten. Die Brisanz der Sache würde ihm genügen, und die Erwärmungsfolklore vorweg wäre entbehrlich.

Genau da betreten wir den Bereich der geläuterten Subjektivität. Damit bezeichne ich den Anteil an Zelebrationskunst, der persönliche Erfahrung ins Vorgegebene einträgt, ohne dessen Eigengestalt zu sprengen. »Persönliche Erfahrung« wäre im o.g. Fall z.B. die Identifikation des Pastors mit den Vorübergehenden in der Parabel, die ihn vielleicht an Szenen der Ignoranz im eigenen Leben erinnert. Das wäre hörbar an der Art, wie er seine Betonungen und Pausen setzt. Und an seinem

Stimmklang, der ja Stimmung transportiert. Ich wüsste beim Hören nicht, was er konkret erinnert oder welche Bilder er noch vor Augen hat, wenn er liest. Das genau geht mich auch nichts an, weil es privat ist. Aber ich merke: Der Mann weiß – zumindest partiell – etwas von dem, was er liest. Er ist also als Person in der Lesung enthalten, aber diskret. Wenn mir seine Lesung so begegnet, bemerke ich eine Subjektivität des Ausdrucks, die auf eigenem Erleben beruht, aber durch den Filter der Parabel bereinigt an mich dringt. So kann ich seine Erfahrung und die Parabel gleichzeitig gut aufnehmen. Nicht akzeptabel sind dagegen private Rülpser, die sich in unmittelbarer Nähe zur Weltliteratur ereignen. In diesem Sinn »privat« ist sein Geplänkel vor der Lesung. Ich will als Hörer nichts wissen von den Befindlichkeiten der Zelebrantinnen und Zelebranten, aber ich horche auf, wenn jemand zumindest Teile der Lesung nachempfindet und versteht, während er liest.

Das ist das Zauberwort: »während«. Im Moment des Lesens wissen und spüren, was dort geschieht. Und es reicht, wenn das an einigen Stellen passiert, denn niemand kann und muss alles verstehen.

Hier ist auch die Grenze der Subjektivität angedeutet: Die reicht nur soweit, wie das eigene Leben gegangen ist, und das genügt. Viele setzen aber beim Zelebrieren und Lesen gar nichts davon ein, und dann wird es so grau, wie es eben oft ist. Andere kleben dem Vorgegeben etwas an (s. den privaten Vor-Satz) – das macht die großen Stoffe blass.

Konkretionen – Vorlesen biblischer Handlung

1. Mitgehen
Unterrichte ich Lesen im Gottesdienst, so provoziere ich den persönlichen Einstieg in eine Geschichte. Jesus spricht, der Teufel spricht, jeder mit einer anderen Absicht und entsprechend anderer Tonlage. Es sind ja zwei verschiedene Wesen. Dafür muss die Leserin beim Vortrag übungshalber die Orte (auch real im Raum) wechseln, einmal von der Seite Jesu, einmal von der Teufelsseite aus sprechen und jeweils neu blitzschnell umschalten in die je eigene Sprechweise. So entwickelt sich eine Art innerer Dialog zweier verschiedener Figuren in ihr, der laut wird. Die Polaritäten bekommen Kontrast und lassen aufmerken. Wird es zu aufgesetzt theatralisch, forschen wir gemeinsam nach dem originaleren Ton, damit es stimmt. Alle wissen instinktiv, wann etwas stimmig ist. Wer sich nur annähernd in Maria, Zachäus oder einen Pharisäer ver-

setzt, wird etwas vom Ton der Geschichte treffen. Das dient gleichzeitig der geistlichen Vertiefung, denn so wie wir mit unserer Einfühlung und dem Mitdenken den biblischen Figuren unser Leben leihen, so werden sie auch in uns lebendig. Sie korrigieren mich, rufen in mir wach, was ich vergessen hatte, oder provozieren. Ihr Dialog miteinander nimmt mich hinein, wenn ich bereit bin, mitzureden mit meiner Erfahrung. Wer ein wenig alternative Bibelauslegung erlebt hat (Bibliodrama usw.), kennt das. Es verlangt für Geübte nicht mehr als 10 Minuten, die verschiedenen Typen einer biblischen Handlung auszuloten. Dafür sind meist nicht einmal historische Kenntnisse erforderlich, nur Lebenserfahrung. Wenn mehr Lektorinnen und Lektoren (auch die Profis) sich auch so auf Lesungen vorbereiten würden, käme ein anderer Klang in den Gottesdienst.

Ist diese Lesart geläufig, wird sie als feiner Unterton in jede Evangelienlesung eingehen können, ohne dass man das Gefühl hat, es wirke aufgesetzt.

Die gute Demut gegenüber dem Text besteht nach diesem Konzept genau nicht darin, sich – vermeintlich abstinent – beim Lesen zurückzunehmen und »neutral« sein zu wollen. Die lebendige Demut, die sich vor der Größe der Geschichten von Würde und Sinn freundlich verneigt, entsteht erst, wenn jemand sich den Geschichten ausgesetzt hat und sie aus dieser eigenen Begegnung heraus zu den anderen trägt. Was lockt denn Menschen zum Hören? Das sind doch immer Original-Töne von Menschen, egal, ob sie sprechen, lieben oder singen. Jeder Kinofilm wird danach abgesucht und beurteilt. Unsere Gottesdienste auch. Zu Recht.

2. Den Film sehen

Erst sieht man nur Falten, dann das Gebirge darin bis zum Horizont, der Schwenk geht über zwei, drei Gipfel und fährt heran auf ein kleines Dorf neben einem mager sprudelnden Bächlein, Frauen bei der Wäsche, Kinder baden, eine Gruppe Männer debattierend vor einem Hauseingang, die Wände aus weißem Mörtel, kleine Fenster. Es ist später Nachmittag, die Sonne steht tief und blendet die Hauptperson, aber die Umstehenden lassen nicht zu, dass er in eine andere Richtung gucken kann, sie stellen ihn: Was steht auf der Münze, und was gilt nun, wem politisch dienen – was sagst Du? Hohe Hüte, die doch keinen Schatten werfen.

Wer liest, sieht natürlich einen Film beim Lesen, gleichzeitig. Vorher hat sie ihn schon angeschaut – die halbe Vorbereitung aufs Lesen bestand aus einer Art Wachtraum von dem, was am heutigen Evangelium zu sehen ist. »Sieh die Farbe des Sandes, rieche die Körper, taste die Augen des Blinden vor und nach der Heilung, schmecke die Speise am Tisch mit den Aussätzigen, höre die Stimme Jesu!« Die Anweisungen des Exerzitienmeisters Ignatius von Loyola führen in eine innige Betrachtung, die geistliche Tiefe erzeugt. Kein »Grübeln über«, sondern zuerst sehen, schmecken, riechen. Die Gedanken werden andere sein, als wenn Du nur denkst, was Du immer schon wusstest oder was Kommentare vorkauen.

So also wird gelesen und vorgelesen. Sehend. Nur wenn Du etwas siehst beim Lesen, sehen wir Hörer auch etwas. Jede Mama weiß das, wenn sie abends Märchen am Bett raunt. In der Kirche gilt das genauso. Auch das braucht ein wenig Übung, aber im Kreis der Lektorinnen und Lektoren lässt sich mühelos prüfen, ob es stimmt, was hier steht. Lesen Sie einander vor und sagen sie, wann sie als Hörerinnen und Hörer etwas sehen und wann nichts – und was. Dann wissen Sie genau, wo die Leserin ausgestiegen ist und wo ihr Film hell lief.

3. Pausen

»Wer sein Leben gewinnt, der wird es verlieren.« Solche Sätze brauchen Verdauungszeit.

»Warum habt ihr das Öl nicht für 300 Denare verkauft und den Erlös den Armen gegeben?« – Diese Frage muss man einen Moment lang im Raum stehen lassen, damit die Brisanz erscheinen kann. Diese Frage ist nicht dumm, nur weil Judas fragt. Indem wir sie klein machen und schnell weiterlesen, wissen wir schon wieder alles: Judas ist garstig, Jesus ist gut und hat wieder gewonnen. Nein, so agieren die Cowboys der 50er. So einfach ist Evangelium nicht. Wie Judas fragen viele Menschen, wahrscheinlich denkt die Mehrheit so. Ohne die Wucht dieser Frage ist auch die Antwort Jesu schwach. Erst der echte Konflikt eröffnet Spielraum für den Himmel. Konflikt erscheint z.B. durch Spannungspausen.

Also Pause machen. Spitzensätze stehen lassen, offene Konflikte offen lassen und einen Moment aushalten, dass nichts kommt. 1, 2, 3, 4 Sekunden zählen, wenn die Nerven das nicht ohne Zählen durchhalten. Das Gemüt und der Verstand müssen nachkommen können. Viele Geschichten sind im Zeitraffer erzählt. Was dort geschieht, braucht in Wirklichkeit Jahre (z.B. alle Heilungsgeschichten).

Also: Es ist verboten, geistlos zu rappeln, damit die Gemeinde schnell zum Sonntagsbraten kommt. So viel bewusste Zeit der Leser beim Lesen hat, so viel haben intuitiv auch die, die zuhören. Weil es nämlich spannend wird. Da vergisst man, dass man nach Hause wollte.

Wer eilig liest, leitet die Gemeinde zur Hast an.

4. Höhepunkt

Jedes Evangelium hat einen dramatischen und einen theologischen Höhepunkt. Die sind selten identisch.

Bei angedeuteter Salbung (Matthäus 26,6ff) liegt der dramatische Höhepunkt gleich am Anfang, als die Frau reinkommt und sich über den besonderen Gast ergießt. Dieser Höhepunkt wird erst einer, weil ein zweiter dramatischer dazukommt, nämlich der Streit.

Zum Schluss dann – ganz undramatisch, eher lehrhaft – der theologische Höhepunkt (von ihr wird man erzählen ...) in Form einer blässlichen Deutung.

Ich empfehle den Theologinnen und Theologen, den dramatischen Punkt (bzw. die Punkte) anzusteuern, danach eine Pause zu setzen, damit die Spannung im Raum stehen kann – nicht den theologischen. Der kommt in der Predigt dran. Die Ehrenamtlichen gehen meist aus natürlichem Instinkt der Handlung nach (– wenn sie es tun). Die Profis tragen oft so viel theologisches Sperrgut bei sich, dass ihnen eine intuitive Lesart auf Anhieb gar nicht mehr gelingt.

Vorlesen biblisch-systematischer Abhandlung

1. Ordnung schaffen

Wer Episteln lesen muss, kennt die Qual der verwinkelten Sätze, die Einschübe und auch die Redundanz. Biblische Episteln gehören nur in begrenztem Umfang zur Weltliteratur. Die Inhalte sind meist groß, aber der Schreibstil ist oft nervig. Diese Lesungen gehen im Gottesdienst fast immer unter. Deshalb lassen etliche Gemeinden sie weg. Das allerdings ist nicht zu entschuldigen. Ebenso ignorant ist es, die Lesungen aus dem Alten Testament zu streichen. Hier ist mehr Fantasie gefragt, die Lesungen (gern möglichst drei) miteinander zu verbinden durch eine kleine geistreiche Quersumme. Wer Textlastigkeit fürchtet, predigt einfach kürzer oder führt die Methode der Text-Collage ein, wie sie u.a. von Martin Nicol und den New-Homiletic-Kennern empfohlen wird. Hier wird Text geboten, aber in einer Weise, die die Fantasie derer, die zuhören, mitinszeniert. Das Gefühl der Textlastigkeit entsteht ja, weil die vorhandenen Texte bewusstlos zelebriert werden. Immer mehr Kirchen bieten lange biblische Vorlese-Abende an, die stürmisch besucht werden. Da beschwert sich niemand über Textlastigkeit.

Biblische Episteltexte unterliegen anderen Regeln als Texte mit Handlung. Identifikation mit Figuren ist hier nicht das erste Mittel der Wahl, eher strenge Logik. Wer Kenntnisse hat vom Schreiber, kann versuchen, sich in ihn hinein zu versetzen. Paulus schreibt an die Korinther anderes als an die Römer, und seine Absichten sind entsprechend unterschiedlich. Dies zu begreifen erfordert aber mehr biblisches Wissen.

Sinnvoll ist eine Analyse der Satzordnungen, also der Hauptlinien, der Nebensätze und Einschübe in den Episteltexten. Wer es versteht, die Hauptlinien eines Satzes prägnant zu halten und die Einschübe stimmlich abzusetzen, wird selber besser verstehen, was er liest und entsprechend besser verstanden.

Ein Beispiel: Galater 2,16–21

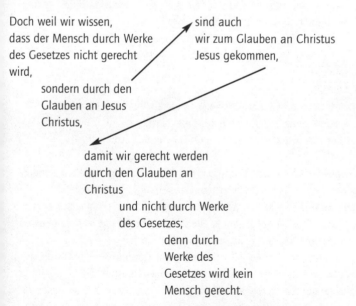

Doch weil wir wissen,
dass der Mensch durch Werke
des Gesetzes nicht gerecht
wird,

    sondern durch den
    Glauben an Jesus
    Christus,

sind auch
wir zum Glauben an Christus
Jesus gekommen,

    damit wir gerecht werden
    durch den Glauben an
    Christus
        und nicht durch Werke
        des Gesetzes;
            denn durch
            Werke des
            Gesetzes wird kein
            Mensch gerecht.

Versuchen Sie einmal, den ganzen Satz auf einem Atem zu lesen und trotzdem die Sinnabschnitte stimmlich durch kleine Pausen (ohne Atemholen) voneinander abzusetzen.

Die gedanklichen Hauptstränge des Arguments müssen Sie sich kennzeichnen und dann auch entsprechend wichtig und nebenwichtig vorlesen. Es ist nicht alles gleich bedeutsam in einem Satz, nur weil er in der Bibel steht. Wer jedes Wort und jeden Teilsatz betont, betont nichts und produziert Waschmaschinen-Sound.

2. Pausen

Hier gilt, was oben vom Evangelium gesagt ist: Bei 3–4 Sekunden Pause stürzt die Kirche nicht ein. Aber sie gibt der Gemeinde die Chance, wenigstens teilweise dem Sinn nachzugehen, den z.B. die paulinische Dialektik entwirft. Hier ist lückenloses Lesen geradezu verboten. Zur Pause gehört ein bisschen Mut gegen die inneren Einreden: »Was denken sie? Dass ich den Text vergessen habe? – Ich will hier vom Pult weg, steh sowieso nicht gern vor so vielen Leuten. Alle gucken, bloß weg hier.« – Das alles sind natürliche Regungen, aber sie dienen dem Text nicht. Etwas Übung im Kreis der Lektorinnen und Lektoren hilft und macht sicherer. Sie probieren miteinander aus, wie lang Pausen erträglich und sinnstiftend sind. Dann sind Sie nicht auf ihre eigene Empfindung allein angewiesen.

3. Nur eine Betonung pro Halbsatz

Beispiel:
a. Doch weil wir wissen,
b. dass der Mensch durch Werke des Gesetzes nicht gerecht wird,
c. sondern durch den Glauben an Jesus Christus,
d. sind auch wir zum Glauben an Christus Jesus gekommen ...

Jeweils zwischen Punkt und Komma können Sie nur ein Wort betonen, die anderen bleiben im Schatten. Das verlangt inhaltliche Entscheidungen. Betonen Sie »Doch weil wir *wissen*«, ist damit theologisch entschieden, dass hier Leute sprechen, die überzeugt sind und andere überzeugen wollen. Also mehr die missionarische Linie.

Betonen Sie »Doch *weil* wir wissen«, entscheiden Sie sich für die argumentative Linie: *Weil* ich etwas weiß, steige ich ein in die Begründung. Entscheiden Sie sich gar nicht, bleibt der Text unentschieden gelesen.

Haben Sie alle Betonungen Ihrer Wahl gesetzt, lesen Sie den Text noch einmal im Ganzen, um zu sehen, wo sich nun Akzente widersprechen oder häufen, so dass das ganze unnatürlich klingt. Das ist dann der Endschliff.

Manche Pastorinnen und Pastoren bereiten sich über diese Laut-Lese-Technik auf ihre Predigt vor, weil in den einzelnen Betonungen immer geistliche Entscheidungen enthalten sind. Habe ich sie getroffen, kann ich mit der Predigt beginnen. (Oder es auch einmal lassen, denn eine gut gestaltete Lesung sagt sehr viel über die Textinterpretation der Leserin.)

Schließlich ein Hinweis für alle Lesungen:
Ich habe Zeit, und ich bin Teil des Geschehens in Text und Raum.

Wer mit dieser Einstellung an die Lesung herangeht und so liest, wird Zeit haben und damit Zeit zum Hören schaffen. Erfüllte Zeit. Eine Köchin, die uns innerlich mitgehend ihr neuestes Rezept erzählt, ein Vogel, der nach Kräften den Morgen bezwitschert, das Lallen eines Babys beim Aufwachen − dies alles kann objektiv lang oder kurz dauern, es ist unwesentlich, wenn die Zeit mit Geist gefüllt ist. Wie lange habe ich dem Vogel zugehört? Ich weiß es nicht. Vergessen, alles vergessen. Selbstvergessen höre ich, weil eine selbstvergessen liest oder singt.
Das ist eine Form der Liebe zwischen Leserinnen und Hörern.

Thomas Hirsch-Hüffell

Der Abdruck erfolgt mit freundlicher Genehmigung des Autors.
Weitere Angaben vgl. S. 188.

Ich sehe ein Land mit neuen Bäumen.
Ich sehe ein Haus aus grünem Strauch.
Und einen Fluss mit flinken Fischen
und einen Himmel aus Hortensien sehe ich auch.

Ich sehe ein Licht von Unschuld weiß.
Und einen Berg, der unberührt.
Im Tal des Friedens geht ein junger Schäfer,
der alle Tiere in die Freiheit führt.

Ich hör ein Herz, das tapfer schlägt –
in einem Menschen, den es noch nicht gibt,
doch dessen Ankunft mich schon jetzt bewegt,
weil er erscheint und seine Feinde liebt.

Das ist die Zeit, die ich nicht mehr erlebe.
Das ist die Welt, die nicht von unserer Welt.
Sie ist aus feinstgesponnenem Gewebe
und Freunde, seht und glaubt: Sie hält.

Das ist das Land, nach dem ich mich so sehne,
das mir durch Kopf und Körper schwimmt.
Mein Sterbenswort und meine Lebenskantilene,
dass jeder jeden in die Arme nimmt.

Hanns Dieter Hüsch

Ideen-Pool Gottesdienst

EKU/VELKD (Hgg.)
Das Evangelische Gottesdienstbuch
Taschenausgabe mit den Kriterien, Grundformen und Ausformungen für alle
Sonntage, Hinweisen zu allen Sonntagen und besonderen Feiertagen, Berlin,
Bielefeld, Hannover 2000
Evangelisches Gottesdienstbuch mit Ergänzungsband, Singheft und Lutherbibel
(CD-Rom), Hannover 2003

Arbeitshilfe zum Evangelischen Gottesdienstbuch
Gestaltungshilfen zu jedem Sonn- und Festtag des Kirchenjahres
Liturgische Konferenz Niedersachsens (Hg.), erscheint 5 mal im Jahr
Informationen über das Evangelische Zentrum für Gottesdienst und Kirchenmusik,
agk@evlka.de, www.michaeliskloster.de

Fritz Baltruweit/Günter Ruddat,
Ein Arbeitsbuch zum Evangelischen Gottesdienstbuch
(Gemeinde gestaltet Gottesdienst 3), Gütersloh 2002
Mit Erklärungen und vielen Gestaltungsvorschlägen zu allen gottesdienstlichen
Stationen (Zeitzeichen 10/03: »Liturgie als Kochbuch«),
Anleitungen für die Arbeit in Gottesdienstvorbereitungsgruppen.

Ein Evangelisches Zeremoniale
Liturgie vorbereiten – Liturgie gestalten – Liturgie verantworten
Mit Erklärungen zum Kirchenraum, Kirchenjahr, Gottesdienst – und einem sehr
umfangreichen Liturgischen Glossar, Gütersloh 2004

Thomas Hirsch-Hüffell
Gottesdienst verstehen und selbst gestalten
»Schritte eines Gottesdienstlehrgangs«, Göttingen 2002

Erhard Domay/Hanne Köhler
Gottesdienstbuch in gerechter Sprache
Gebete, Lesungen, Fürbitten und Segenssprüche für die Sonn- und Feiertage
des Kirchenjahres, Gütersloh 2003

Ulrich Kock-Blunk (Hg.)
Das neue Gottesdienstbuch
Gebete, Lesungen und Lieder für die Sonn- und Feiertage des Kirchenjahres,
Gütersloh 2001

Peter Helbich
Gottesdienste im Kirchenjahr
mit Gebeten, Meditationen und Segenswünschen für jeden Sonn- und Feiertag,
Hannover 2002

Alexander Deeg u.a. (Hg.)
Der Gottesdienst im christlich-jüdischen Dialog
Liturgische Anregungen, Spannungsfelder, Stolpersteine – für jeden Sonntag
im Kirchenjahr, Gütersloh 2003

Sinfonia oecumenica, Feiern mit den Kirchen der Welt
Gottesdienstentwürfe aus aller Welt (viersprachig) zu unterschiedlichen ökumenischen Themen und den Stationen des Kirchenjahres, Gütersloh 1998

Fritz Baltruweit/Mechthild Werner
Begleitet durch Jahr und Tag – Gemeinde gestaltet Gottes-Zeiten
mit Gottesdienstentwürfen quer durch das Jahr. Mit ausführlicher Kriterienentfaltung
und Vorschlägen zur Inszenierung des Gottesdienstes, Gütersloh 2004

Walter Hollenweger
Das Kirchenjahr inszenieren – alternative Zugänge zur theologischen Wahrhaftigkeit
Mit Beiträgen zu einzelnen Stationen des Kirchenjahres und Anregungen zur
Inszenierung, Kohlhammer 2002

Hans Dieter Hüsch/Uwe Seidel
Ich stehe unter Gottes Schutz, Psalmen für Alletage,
Düsseldorf 1996

Hans Mayr
Tu dich auf. Schlüssel zu den biblischen Lesungen im Kirchenjahr,
Göttingen 2003

Martin Nicol
Einander ins Bild setzen
Dramaturgische Homiletik (Grundlinien, Praxis, Didaktik),
Göttingen 2002

Hartmut Handt und Armin Jetter (Hgg.)
Mehr als Worte sagt ein Lied
Liedandachten zu den Sonn- und Festtagen des Kirchenjahres,
München 2004

Ausgewählte Internetadressen zu den Stichworten
Gottesdienst und Predigt:
www.predigten.de
www.kanzelgruss.de
www.evangelischer-gottesdienst.de
www.evangelische-liturgie.de
www.propastoral.de
www.predigtforum.de

Thomas Hirsch-Hüffell
gottesdienst institut nordelbien (thh@gottesdienstinstitut-nek.de) gibt über einen Mail-Verteiler regelmäßig neue Gottesdienst-Impulse heraus (wie z.B. »Vorlesen im Gottesdienst«, S. 174 ff): *www.gottesdienstinstitut-nek.de*

Michaeliskloster Hildesheim
Evangelisches Zentrum für Gottesdienst und Kirchenmusik
Seminarangebote, Informationen, Tipps, Anregungen unter
www.michaeliskloster.de bzw. *www.agk-hannover.de*

Bände in Vorbereitung:

- *Lesungen und Psalmen lebendig gestalten*
- *Der besondere Gottesdienst*
- *Neue Lieder*
- *Fürbitten – für uns – von uns*
- *Der kleine Gottesdienst*

Quellenhinweise:
S. 33 – Beratungsstelle für Gestaltung, Liturgieentwürfe für das Kirchenjahr, Materialheft 36, Frankfurt 1985, S. 74 (leider vergriffen)

S. 75 – Carola Moosbach, aus: Moosbach, Himmelsspuren, Neukirchener Verlag 2001

S. 85 – Huub Oosterhuis, aus: Huub Oosterhuis/Bernard Huijbers, Du bist der Atem meiner Lieder © Verlag Herder, Freiburg im Breisgau 1976

S. 103 – Lothar Zenetti, aus: Die Zeit färben, Strube Verlag, München-Berlin 1999, Nr. 56

S. 123 – Hanns Dieter Hüsch: Stille – Erst mit der großen Stille, aus: Hüsch, Das Schwere leicht gesagt, Seite 44, 1997/4, © tvd-Verlag Düsseldorf 1991

S. 141 – Klaus von Mering, aus: von Mering, Deine Güte reicht, so weit der Himmel ist. Quell Verlag Stuttgart 1989, S. 125

S. 157 – Carola Moosbach, aus: Moosbach, Himmelsspuren, Neukirchener Verlag 2001

S. 161 – Kanon »Aus der Tiefe ...«: Text: Christoph Lehmann, aus: Mein Kanonbuch © tvd-Velag Düsseldorf 1986

S. 167 – Klaus von Mering (bislang unveröffentlicht)

S. 163 – Margot Käßmann, aus: Käßmann, Auf gutem Grund, Standpunkte und Predigten, Lutherisches Verlagshaus, Hannover 2002, S. 183

S. 173 – Gerhard Schöne, aus: Schöne, CD »Ich bin ein Gast auf Erden«, © Schöne/Buschfunk Berlin

S. 185 – Hanns Dieter Hüsch: Utopie – Ich sehe ein Land mit neuen Bäumen, aus: Das Schwere leicht gesagt, Seite 22, 1997/4, © tvd-Verlag Düsseldorf 1991

Das Buch haben zusammengestellt:

Fritz Baltruweit, geb. 1955, Michaeliskloster Hildesheim, Evangelisches Zentrum für Gottesdienst und Kirchenmusik der Evangelisch-lutherischen Landeskirche Hannovers und Referat für Projekte und Öffentlichkeitsarbeit im Haus kirchlicher Dienste in Hannover, 1984–1992 Gemeindepfarrer in Garbsen, 1992–1998 Studienleiter am Predigerseminar im Kloster Loccum, dann im Evangelischen EXPO-Büro Referent für Liturgie und Musik und Programmgestalter im Christus-Pavillon.
Langjähriger Mitarbeiter beim Deutschen Evangelischen Kirchentag, Lutherischen Weltbund und Ökumenischen Rat der Kirchen. Diverse Veröffentlichungen, u.a. liturgische Bücher wie die Reihe »Gemeinde gestaltet Gottesdienst«, 8 CD's (*www.studiogruppe-baltruweit.de*).

Jan von Lingen, geb. 1962, Rundfunkpastor in Hannover. Studium der Evangelischen Theologie in Oberursel, Bonn und Göttingen. Volontariat beim Evangelischen Presseverband Niedersachsen-Bremen. 1995–2001 Pastor in Werdum/Neuharlingersiel.
Veröffentlichungen: »So – oder so ähnlich: Eine Kinderbibelreise von Abraham bis Zachäus«, Hörspiel mit Musik, Lutherisches Verlagshaus 1995. »Wir machen Frieden« – Musik-CD, Magic-Minds-Music Hannover 2000, »Land in Sicht: Plattdüütsch Leeder und Andachten« (Hg.), Lagoline, Hannover 2000.

Christine Tergau-Harms, geb. 1963, Michaeliskloster Hildesheim, Evangelisches Zentrum für Gottesdienst und Kirchenmusik der Evangelisch-lutherischen Landeskirche Hannovers. Studium der Evangelischen Theologie in Kiel und Marburg. Aufbaustudium zum Master of Sacred Theology im Bereich Seelsorge und Beratung in Indianapolis/USA. 1993–2001 Gemeindepastorin in Horstedt, Weiterbildung zur Gestalt-Sozialtherapeutin. 2001–2004 Referentin für Geistliches Leben im Landesjugendpfarramt im Haus kirchlicher Dienste/Hannover. Veröffentlichungen in verschiedenen Zeitschriften, »Wellnesspaket Bibel«, »Osternacht Mensch« (zu Herbert Grönemeyers Lied), »Mit Gott unterwegs. Kirchenträume«.

Der Herausgeber der Reihe:

Dr. Jochen Arnold, geb. 1967, Studium der ev. Theologie und der Kirchenmusik (A) in Tübingen, Rom und Stuttgart, Vikariat in Reutlingen, Dozent am Pfarrseminar der Württ. Landeskirche, 2003 Promotion zum Dr. theol. an der Uni Tübingen mit einer Arbeit zur Theologie des Gottesdienstes, ab 2004 Leiter des Ev. Zentrums für Gottesdienst und Kirchenmusik am Michaeliskloster Hildesheim. Rege Konzerttätigkeit als Dirigent (CD- und Rundfunkaufnahmen), Veröffentlichungen im Bereich Theologie der Kirchenmusik (Schwerpunkt: JS. Bach).

Die Beiträge stammen von:

Gabriele Arndt-Sandrock, Pressesprecherin der Evangelisch-lutherischen Landeskirche Hannovers, Hannover

Dr. *Jochen Arnold*, Direktor des Michaelisklosters Hildesheim, Evangelisches Zentrum für Gottesdienst und Kirchenmusik

Peter von Baggehufwudt (von Baggo), Beauftragter für Lektoren, Prädikanten und Pfarrverwalter, Böhme

Fritz Baltruweit, Pastor, Michaeliskloster Hildesheim, Evangelisches Zentrum für Gottesdienst und Kirchenmusik und Referat für Projekte und Öffentlichkeitsarbeit/Haus kirchlicher Dienste, Hannover

Lieselotte Beermann, Prädikantin, Hagen und Dudensen

Christine Behler, Gemeindepastorin, Kirchhorst

Heinz Behrends, Superintendent des Kirchenkreises Leine-Solling, Northeim

Susanne Bostelmann, Gemeindepastorin, Hamburg

Dr. *Hans Christian Brandy*, Oberlandeskirchenrat Hannover und Kuratoriumsvorsitzender des Michaelisklosters Hildesheim, Evangelisches Zentrum für Gottesdienst und Kirchenmusik

Susanne Briese-Roth, Studieninspektorin am Predigerseminar, Loccum

Ralf Drewes, Schülerpastor im Landesjugendpfarramt/Haus kirchlicher Dienste, Hannover

Eugen Eckert, Studentenpfarrer, J.W. Goethe-Universität, Frankfurt a.M.

Ulrike Fuchs, Berufsschulpastorin, Göttingen

Dr. *Friedrich Hauschildt*, Präsident des Kirchenamtes der Vereinigten Evangelisch-Lutherischen Kirche Deutschlands (VELKD), Hannover

Peter Helbich, Pfarrer und Schriftsteller, Vellmar

Thomas Hirsch-Hüffell, Gottesdienst-Institut Nordelbien, Hamburg

Thomas Hofer, Pfarrer am Braunschweiger Dom und an der Klosterkirche Riddagshausen

Oda-Gebbine Holze-Stäblein, Landessuperintendentin im Sprengel Ostfriesland, Aurich

Barbara Hustedt, Gemeindepastorin, Oesede

Birgit Klostermeyer, Pastoralkolleg, Loccum

Joachim Köhler, Gemeindepastor, Loccum

Torsten Kröncke, Gemeindepastor, Langenhagen

Jan von Lingen, Pastor, Evangelische Radiokirche im NDR, Hannover

Constanze Maase, Gemeindepastorin, Westerrönfeld

Friedemann Magaard, Gemeindepastor, Öffentlichkeitsarbeit im Kirchenkreis Norderdithmarschen, Lunden

Heino Masemann, Pastor der Landeskirche und Geschäftsführer des Landesvereins für Innere Mission der Landeskirche Hannovers, Hannover

Klaus von Mering, ehemals Inselpastor auf Langeoog, jetzt Rastede

Wolfgang Raupach-Rudnick, Arbeitsstelle für Kirche und Judentum im Haus kirchlicher Dienste, Hannover

Meike Riedel, Gemeindepastorin, Peine

Anne Riemenschneider, Gemeindepastorin, Bückeburg

Prof. Dr. *Günter Ruddat*, Evangelische Fachhochschule, Bochum/ Kirchliche Hochschule, Wuppertal

Ulrike Schimmelpfeng, Gemeindepastorin, Hagen und Dudensen

Karl Ludwig Schmidt, Gemeindepastor, Langenhagen

Dr. Christian Stäblein, Dozent für Praktische Theologie, Universität Göttingen, Göttingen

Dirk Stelter, Gemeindepastor und Referent für Presse- und Öffentlichkeitsarbeit im Evangelisch-lutherischen Sprengel Hannover, Hannover

Christine Tergau-Harms, Pastorin, Michaeliskloster Hildesheim, Evangelisches Zentrum für Gottesdienst und Kirchenmusik

Bodo Wiedemann, Verband Evangelischer Publizistik Niedersachen-Bremen, Vorsitzender der Hannoverschen Bibelgesellschaft, Hannover